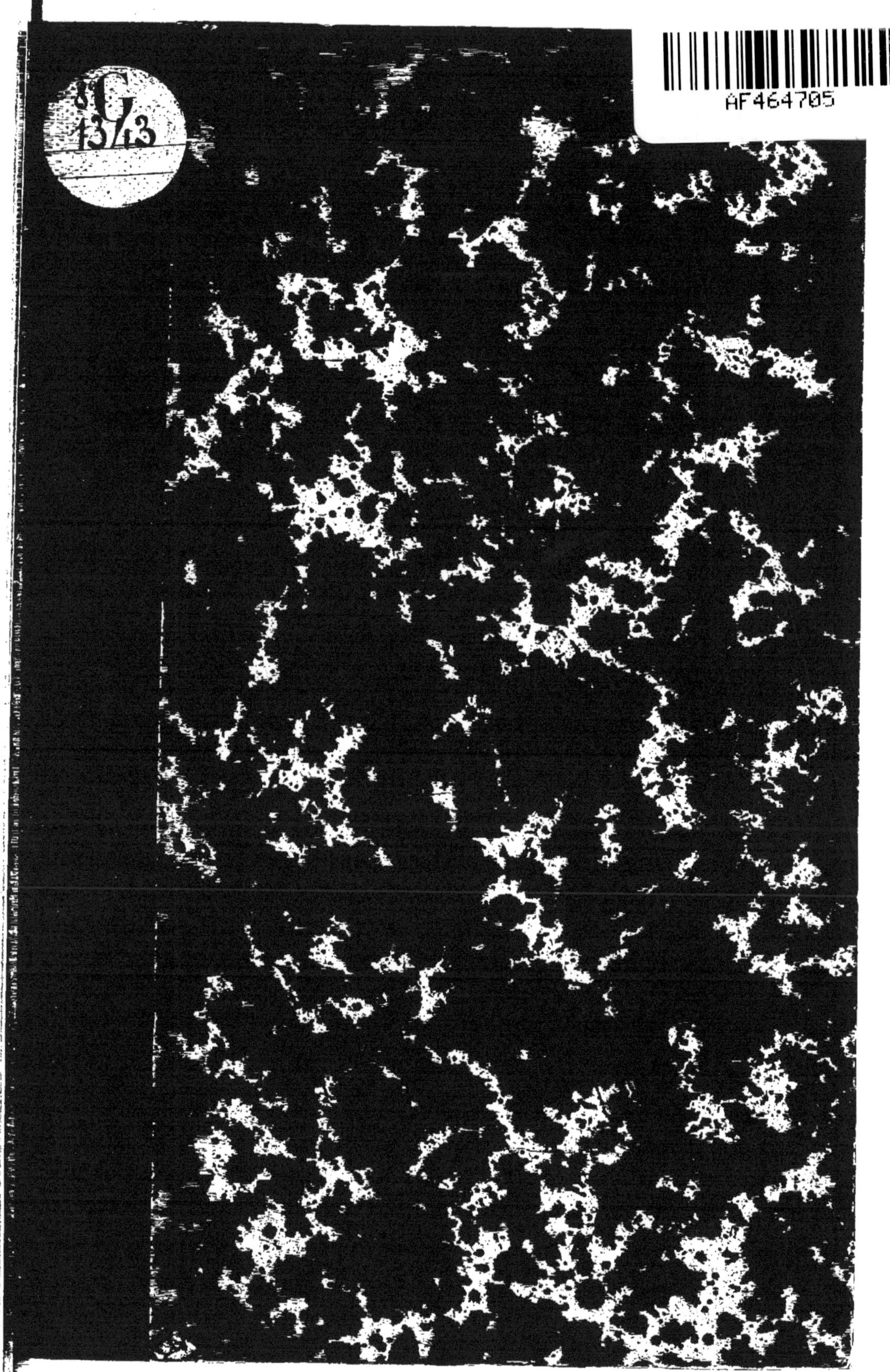
AF464705

DE LA RUPTURE

DES GLACES

DU PÔLE ARCTIQUE.

8° G 1545

IMPRIMERIE DE BAUDOUIN FILS,
RUE DE VAUGIRARD, N. 36, PRÈS LA CHAMBRE DES PAIRS.

PLAN
DES REGIONS
du Pôle arctique.

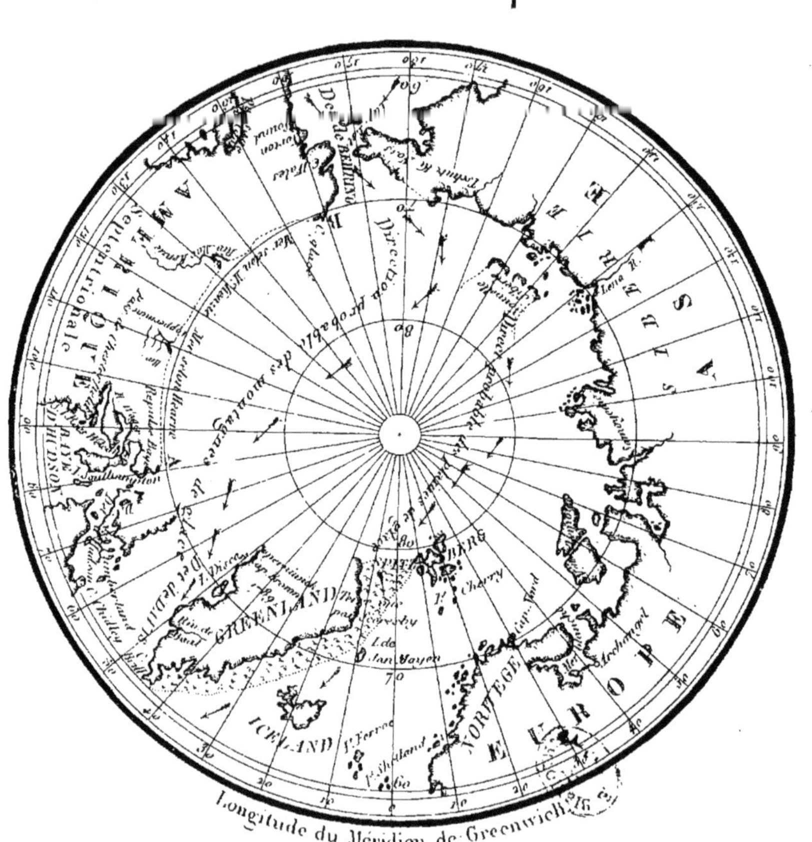

DE LA RUPTURE
DES GLACES
DU PÔLE ARCTIQUE,
OU
OBSERVATIONS

GÉOGRAPHIQUES, PHYSIQUES ET MÉTÉOROLOGIQUES SUR LES MERS ET LES CONTRÉES DU PÔLE ARCTIQUE,

Dans lesquelles, en rendant compte de la rupture des glaces de ces contrées, on cherche à expliquer la cause du froid éprouvé depuis trois ans, et occasionné par la présence de ces masses de glaces que les navigateurs ont rencontrées dans l'Océan Atlantique;

SUIVIES

D'une Notice sur l'expédition faite par le gouvernement anglais, pour déterminer les limites septentrionales de l'Asie et de l'Amérique, et chercher un passage par le nord-ouest de l'Océan Atlantique à l'Océan Pacifique.

PAR M. A. A......

CHEVALIER DE LA LÉGION D'HONNEUR.

PARIS,

BAUDOUIN FRÈRES, LIBRAIRES,

RUE DE VAUGIRARD, N° 36, PRÈS LA CHAMBRE DES PAIRS.

1818.

PRÉFACE.

L'INTÉRÊT général qu'inspire l'expédition que vient de faire le gouvernement anglais, et qui est destinée à faire des découvertes vers le pôle arctique, m'a suggéré l'idée de publier les observations que j'ai recueillies sur les phénomènes qui ont eu tant d'influence sur la température des trois derniers étés, et sur la destruction probable des malheureuses colonies qui, depuis huit cents ans, se sont établies sur la côte orientale du Groënland, desquelles on n'a eu aucune nouvelle depuis environ quatre cents ans, époque de la formation des premières barrières de glace qui ont séparé ces malheureuses colonies du reste du monde.

J'ai fait suivre ces Observations d'une Notice sur cette expédition, à laquelle le gouvernement anglais attache avec raison tant d'importance, qu'il a pris un soin particulier du choix des officiers et des équipages, ainsi que des approvisionnemens de toutes natures. Quel que soit le résultat de ces recherches, le monde savant, le commerce et l'humanité ne pourront que savoir gré à ce gouvernement des efforts qu'il aura faits pour déterminer les points géographiques restés en litige jusqu'à ce jour.

Si ce petit essai, dont les principaux points ont été puisés dans des livres anglais, est agréé des savans et des amateurs de la géographie, et s'il peut distraire agréablement quelques-uns de mes concitoyens, ce sera pour moi la récompense la plus flatteuse que j'aie ambitionnée.

INTRODUCTION.

Les régions arctiques présentent dans ce moment tant d'intérêt, par les circonstances remarquables dans lesquelles elles se trouvent, que tout ouvrage récent qui en traite est singulièrement recherché; c'est ce qui m'a déterminé à parcourir l'ouvrage intitulé : *Relation du voyage à la baie d'Hudson, par le vaisseau royal* (*anglais*) le Rosamond, *commandé par le lientenant Chappel, renfermant divers détails sur les côtes nord-est de l'Amérique, ainsi que sur les différentes tribus ou peuplades qui habitent ces régions éloignées.*

D'après un pareil titre je devais m'attendre à trouver dans cette relation quelque chose de nouveau et de frappant sur la géographie, l'hydrographie et la météorologie d'une partie des mers du nord, qui, depuis un certain nombre d'années, n'ont pas été visitées par des hommes assez instruits et assez expérimentés dans la science nautique pour en reculer les bornes; mais, en la parcourant, je me suis convaincu que son auteur a été extrêmement mal avisé de publier un ouvrage fondé sur des matériaux aussi insignifians. En effet, cette relation ne renferme rien qui mérite la peine d'être rendu public; on n'y trouve pas la moindre notion sur l'art de la navigation, si ce n'est, dit l'auteur, qu'on s'est assuré de la défectuosité des cartes maritimes de l'amirauté anglaise: ce qui n'est pas nouveau; tandis, dit-il, que celles de la compagnie de la baie d'Hudson sont beaucoup meilleures; mais, comme cette compagnie se les réserve pour son propre usage, le lieutenant Chappel ne devrait pas être réservé au point de ne pas dire en quoi les documens de la compagnie sont préférables. Cette relation ne donne non plus aucun renseignement sur la navigation de la baie d'Hudson; en effet, le voyage de cet officier s'est borné au fort Yorck (1), d'où il est revenu ; et comme ce voyage se fait annuellement depuis environ cent cinquante ans, ce qu'on en a rapporté n'a été nouveau pour personne. Quant aux Esquimaux, il paraît qu'il les connaît peu; les établissemens de la compagnie anglaise, il ne les a pas vus; les tribus des nations intérieures, il ne les a pas visitées; le lac Winnibig (2), il ne l'a jamais approché qu'à environ cent soixante-dix lieues ; et, quant aux autres objets qu'il traite, il paraît, ce qui est fâcheux pour lui, qu'il n'en a pas la moindre notion.

C'est assez parlé d'un ouvrage insignifiant ; il est inutile d'en fatiguer davantage le lecteur. Pour nous dédommager, dirigeons nos regards

---

(1) Ce fort est situé sur la rivière des Hayes, près de son embouchure dans la baie d'Hudson ; il sert d'entrepôt aux riches fourrures de l'Amérique septentrionale. Latitude 58, longitude 303 du méridien de l'île de Fer.

(2) A deux cent cinquante lieues sud-ouest du fort Yorck.

vers le nord; faisons des recherches sur ces climats inconnus, nous y trouverons une ample moisson d'observations et des sujets bien plus attrayans qui nous récompenseront amplement de nos peines. (*Extrait du Quarterly Revew, février* 1818.)

DE LA RUPTURE
DES GLACES
DU PÔLE ARCTIQUE,

OU

OBSERVATIONS

GÉOGRAPHIQUES, PHYSIQUES ET MÉTÉOROLOGIQUES SUR LES MERS ET LES CONTRÉES DU PÔLE ARCTIQUE.

Recherches sur les glaces du nord.

PARMI les changemens et les vicissitudes auxquels la constitution physique de notre globe est constamment sujette, le plus extraordinaire, et qui paraît nous promettre le résultat le plus important et le plus intéressant, a lieu depuis deux ou trois ans et continue toujours.

La convulsion d'un tremblement de terre, l'éruption d'un volcan nous frappent d'une plus ou moins forte terreur, et leurs suites sont pour ainsi dire attendues et prévues, tandis que l'événement dont je m'occupe s'est accompli si tranquillement, qu'il serait resté inconnu si les changemens extraordinaires aperçus dans les glaces arctiques par des navigateurs intelligens, et rapportés par eux, et si les quantités extraordinaires de glaces qu'ils ont observées dans l'Océan Atlantique n'avaient donné lieu à faire de sérieuses réflexions.

Comme ce sujet peut inspirer le plus grand intérêt au commerce du monde entier, il faut entrer dans quelques détails et indiquer les conséquences probables qu'on peut en tirer.

Origine des glaces et des colonies du Groënland.

Il est généralement admis que, depuis environ quatre cents ans, une portion très-étendue des côtes orientales de l'ancien Groënland a été obstruée par une barrière impénétrable de glace; et, par cette fatale catastrophe, les malheureuses colonies norwégiennes ou danoises, qui y étaient établies quatre cents ans auparavant, se sont tout d'un coup trouvées retranchées du reste du monde, et ont été privées de toute communication avec la mère-patrie. Beaucoup d'efforts ont été tentés en différens temps pour approcher de cette côte, afin de s'assurer du sort de ces malheureuses colonies, mais en vain, les glaces ayant été impénétrables; tout espoir étant enfin perdu, toute l'étendue de la côte qui fait face à l'est a pris le nom propre de *Groënland perdu.*

Rupture et disparition d'une immense quantité de glace.

L'événement dont nous nous occupons est la rupture et la disparition de tout ou partie de cette vaste barrière de glace qui obstruait la côte *est* du Groënland. Ce fait extraordinaire, si intéressant sous le rapport de la science et de l'humanité, paraît ne pas être appuyé sur de légères considérations.

En effet, la séparation de ces masses de glaces de leurs anciennes racines, et leur apparition dans des régions plus tempérées, ont été justifiées par les rapports d'un grand nombre de marins dignes de foi.

1°. Dans les mois d'été de 1815, et plus particulièrement dans ceux de 1816 et 1817, il a été observé, par des bâtimens venant des Indes occidentales et par ceux qui allaient à

Halifax (1) et à Terre-Neuve, qu'un grand nombre d'îles de glace, d'une étendue prodigieuse, se présentaient dans l'Océan Atlantique, jusqu'au-delà du 40e degré de latitude nord. Quelques-unes de ces montagnes de glace détachée avaient de 100 à 130 pieds d'élévation au-dessus de la surface de la mer, et plusieurs milles de circonférence; d'autres masses plates présentaient une surface si étendue, qu'un bâtiment venant de Boston s'y trouva embarrassé pendant trois jours, dans les parages du grand banc de Terre-Neuve.

2°. Le vaisseau suédois *les Frères unis*, allant l'année dernière au Vieux-Groënland avec des missionnaires, resta pendant onze jours embarrassé parmi ces montagnes et ces masses énormes de glace, près des côtes du Labrador. La plupart de ces masses, sur quelques-unes desquelles des marins sont descendus, étaient couvertes de fragmens de rochers, de gravier, de terre végétale et de débris de bois.

3° Le paquebot d'Halifax (déjà cité), du mois d'avril 1817, a passé devant une mon-

---

(1) Ville et port du continent de l'Amérique, dans l'Acadie ou Nouvelle-Écosse, à 44° 38′ de latitude septentrionale.

tagne de glace qui avait près de 200 pieds hors de l'eau, et pas moins de deux milles de circonférence.

4°. Près du banc de Terre-Neuve, à Halifax, et dans le voisinage de plusieurs autres ports de l'Amérique septentrionale, on a remarqué que c'était en mai, juin et juillet qu'on apercevait le plus de ces masses de glace, ce qui a été constaté par les plus anciens navigateurs de ces contrées; et toute l'île de Terre-Neuve en a été tellement encombrée de tous côtés, l'année dernière, que les bâtimens employés à la pêche furent plusieurs fois contraints de suspendre leurs travaux.

5°. Dans le mois de juin de la présente année, un sloop anglais a rencontré en mer, à 46° de latitude nord, d'énormes masses de glace qui paraissaient enveloppées d'une vapeur bleuâtre; quelques-unes des pointes de ces masses s'élevaient à 540 pieds de haut; l'eau en découlait par torrens.

6°. Bien d'autres rencontres de ce genre ont été racontées par les gazettes anglaises et françaises, qui ne laissent aucun doute sur la présence de ces masses de glace flottantes dans l'Océan Atlantique.

Origine de ces masses de glace détachée.

La source d'où provenaient ces masses énormes de glace ne pouvait pas rester long-temps cachée. Les pêcheurs qui vont au Groënland savaient bien que depuis le cap Stautenhoek, au sud de l'ancien Groënland, il existait une barrière de glace non interrompue, qui s'étendait vers le nord-est, parallèle à la côte, se dirigeant souvent jusques vers les côtes de l'Island; et que la petite île de Jean-Mayen (un des points de reconnaissance de ces mers) en était totalement entourée. De ce point, cette masse d'eau consolidée se dirigeait à l'est vers les côtes du Spitzberg, où elles se sont fixées depuis le 76e jusqu'au 80e parallèle.

La partie centrale de cette vaste étendue de glace, qui occupait tout l'intervalle du Groënland au Spitzberg, se détachait de temps en temps en blocs assez considérables, qui s'en éloignaient en prenant une direction quelconque, suivant le vent, la marée et les courans; mais le plus souvent leur mouvement de translation allait du nord au sud-ouest, vers les côtes de l'ancien Groënland, opposées à l'Island. C'est sur ces côtes que l'on supposait établies jadis les colonies danoises dont nous avons déjà parlé; c'est là qu'était le noyau auquel venait s'agglomérer les glaçons qui se détachaient du Spitzberg.

Il est à présumer que ces masses de glace accumulées ont, par suite des siècles, acquis une pesanteur telle que leur propre poids les a fait rompre, et que leurs fragmens ont été emportés vers le sud par les vents et les courans.

Cette conjecture, de toutes celles qu'on peut faire, paraît être la plus probable; nous y en ajouterons une autre qui ne sera pas indigne d'attention pour expliquer ces phénomènes.

Cause du froid qu'à éprouvé la partie Occidentale de l'Europe, pendant l'été de 1816 *et* 1817.

La plupart des savans ont cru devoir attribuer à ces accumulations de glace répandues dans l'océan atlantique et se dirigeant au sud, le froid qui s'est fait sentir dans les deux derniers étés, pendant que régnaient les vents d'ouest.

Ces observations sont fondées sur les rapports des pêcheurs qui, revenant du Groenland, en août 1817, ont rencontré une grande quan-

BIBLIOTHÈQUE NATIONALE R.F.

tité de ces masses de glace. Les journaux anglais du même mois, contenaient le paragraphe suivant : « Le commandant d'un brick de
» Bremen, après avoir gagné l'île de Mayen,
» par 71°. nord, cinglant vers l'ouest, pour
» faire la chasse aux veaux-marins, rencontra
» terre au 72e. dégré. Il en longea la côte, en
» se dirigeant au nord, sans y rencontrer la
» moindre apparence de glace, observant,
» toujours en vue de terre, les baies et les en-
» trées jusqu'au 81e. degré 30′ de latitude; se
» dirigeant ensuite pendant plusieurs jours,
» sans obstacle, à l'ouest, il perdit la terre de
» vue. Il revint ensuite au sud-est, jusqu'au
» 78e. dégré nord, où il rencontra le premier
» bâtiment pêcheur qu'il eût vu dans ces con-
» trées. »

Les savans de Londres, se sont occupés avec soin de la vérification de ce rapport, et se sont convaincus de sa véracité, par ceux de cinq autres capitaines baleiniers de Londres et d'Aberdeen. Il est résulté de cet examen, que le brick dont on vient de parler, n'était point de Bremen, comme les journaux l'ont annoncé, mais bien de Hambourg; qu'il s'appelait l'*Éléonore*, et qu'il était commandé par le capitaine Olof-Ocken, qui a justifié de la route qu'il a faite sur les côtes orientales du Groenland, depuis la hauteur de l'île de Jean Mayen, jusqu'à la latitude ci-dessus indiquée. A l'appui de ce témoignage, viennent les déclarations du capitaine et du chirurgien du baleinier la *princesse de Galles*, d'Aberdeen, qui prouvent que le capitaine Olof-Ocken, a pris tant de soin de recueillir jusqu'aux moindres détails de sa course dans ces régions, inconnues jusques-là; qu'il a vérifié sa position à la suite de chaque quart, au lieu de ne le faire que toutes les vingt-quatre heures, comme cela se pratique ordinairement. Cette méthode est suivie d'ailleurs par tous les baleiniers anglais, aussitôt qu'ils rencontrent les glaces. Il est, de plus, à remarquer que ce capitaine et son second passent pour des marins intelligens et consommés dans l'art de la navigation.

Le soin que les savans de Londres, dont on vient de parler, ont pris à cet égard a été tel que, dans la crainte d'être induits en erreur, ils ont fait demander des renseignemens à Hambourg. Ce capitaine les a adressés à MM. Elyot et compagnie, de Hambourg à Londres, par une lettre à laquelle étaient jointes des copies du journal et de la carte de route. On y a vu que ce capitaine a réellement exploré la côte orientale du vieux Groenland, au milieu des glaçons et toujours à vue de terre, mais qu'il n'avait pas dépassé le 80e. parallèle.

Nous avons à ajouter, à l'appui de ces observations, le témoignage de M. Scoresby le jeune, marin très-intelligent et très-versé dans la navigation des mers du Groenland, sur la disparition de quantités immenses de glaces des régions arctiques. Ce capitaine, par une lettre adressée à sir Joseph Bancks (1), dit :

« Dans mon dernier voyage (en 1817), j'ai » observé environ deux mille lieues quarrées ou » (dix-huit mille milles quarrés), sur la surface » des mers du Groenland, entre le 74e. et le » 80e. parallèles, entièrement dépourvues de » glace; cette disparition a eu lieu dans les » deux dernières années. » Il ajoute que : « Jusques-là, dans ses précédens voyages, il » est rarement parvenu à pénétrer les glaces » entre le 76e. et le 80e. parallèles, et le même » obstacle l'empêchait toujours de naviguer à » l'ouest du méridien de Greenwich; tandis » que, dans son dernier voyage, il a atteint

(1) Président de la société royale de Londres.

» les côtes du vieux Groenland, par la latitude » de 74 degrés, et par 10 degrés de longitude » du méridien cité, où il n'a trouvé que très- » peu de glaces. » Il ajoute encore que : « il » lui eût été facile d'explorer ces côtes, s'il » avait pu, à son retour, justifier de la néces- » sité de s'écarter de sa route dans une mer » inconnue et dans une saison aussi avancée : » Nous verrons à la fin de cet essai les raisons de cette circonspection.

En revenant et en se dirigeant au Sud, ce même capitaine a trouvé les mers si dégagées de glaces qu'il a débarqué, sans difficulté, sur l'île de Jean Mayen, qui jusques-là était totalement environnée de glace ; et pour donner un témoignage de son séjour dans cette île, il en a rapporté des fragmens de rocher qu'il y avait recueillis.

Voici un fait, quelque suspect qu'il soit, qui mérite d'être mentionné ici; on rectifiera par une note ce qui paraît douteux.

Le docteur Olinthe Grégory, qui, revenant des îles Shetland (au nord de l'Ecosse), à Péterhead, à bord du bâtiment le *Neptune* d'Aberdeen, de retour de la pêche, a rapporté que « Driscole, le capitaine de ce bâtiment, a non- » seulement mis pied à terre à la *côte Est du*

» *Groenland*, vers le 74e. parallèle, mais qu'il » y a trouvé et emporté avec lui, un poteau » portant une inscription en caractères russes, » annonçant qu'un bâtiment de cette nation y » avait abordé en 1774. » Ce poteau et son inscription, ont été vus à bord par le docteur Grégory (1)

Quant à la partie Nord de la côte orientale du Groenland, il paraît qu'elle a été approchée en divers temps, par les différentes nations hollandaise, danoise et anglaise. La côte qu'on suppose avoir été vue par Driscole, l'a été de près par Hudson en 1607, et à la même latitude; il a réellement envoyé une chaloupe au rivage à 80°. 23. C'est à cette côte, depuis le Hold-With-Hope de Hudson, vers 72°., jusqu'au cap Farewell que la glace, qui s'est récemment détachée, était fixée.

---

(1) C'est l'expression de *côte Est du Groënland* qu'on suspecte ici ne pas être exacte, et l'on pense qu'elle doit être remplacée par celle-ci : *la côte du Groënland oriental*, attendu que les baleiniers reconnaissent deux Groënland, l'un oriental, qui est le Spitzberg, et l'autre occidental, qui est le Groënland proprement dit ; on suppose donc avec quelque fondement que c'est du Spitzberg que le docteur Grégory a voulu parler.

Une des meilleures autorités, sur lesquelles on puisse s'appuyer pour l'événement de la rupture des glaces, c'est un avis d'Islande reçu à Copenhague, en septembre 1817, annonçant que : la glace s'est rompue et détachée de la côte opposée, c'est-à-dire du Groenland ; qu'elle flottait et se perdait vers le sud, après avoir entouré les côtes et rempli les baies et les crecks de cette île; et que cette affligeante circonstance s'est répétée dans la même année : circonstance inconnue jusqu'alors des habitans les plus âgés.

On a dit plus haut, que la cause la plus probable du départ de toute cette masse de glace, était qu'elle s'était rompue et divisée par son propre poids. Cependant, il a été observé comme une coïncidence remarquable, que ce déplacement s'est opéré à-peu-près, vers l'époque où la variation de l'aiguille aimantée, vers l'ouest, devint stationnaire. Il est bien connu que dans la mer de Baffin (gratuitement appelée baie), le compas est affecté d'une manière très-extraordinaire ; et que là, la variation est plus grande qu'en aucun autre lieu du globe. Cette variation y est en effet si grande, que l'on a été tenté de croire que dans ce quartier était situé le pôle magnétique.

Mais, se demande-t-on, quel rapport peut-il y avoir entre cette circonstance et la disparition de ces glaces qu'on a vues flotter vers le sud en plus grande quantité qu'à l'ordinaire ?

Observations sur l'aurore boréale.

Quoique ce rapport ne paraisse pas très-évident, il est à croire cependant qu'il existe. En effet, l'aurore boréale, par exemple, dont l'existence est supposée être due, si elle ne l'est pas réellement, ou, au moins, son intensité, aux gelées, aux dégels et au choc des glaces polaires entre-elles ; en hiver, même en Suède, l'intensité de l'aurore boréale est telle, et son mouvement est si rapide, qu'il se fait entendre un bruissement ou un craquement, que l'on peut comparer à celui que fait un éventail qu'on ouvre et qu'on ferme, où au bruit que font les étincelles qui s'échappent d'un conducteur électrique. Il est à remarquer de plus que, dans ces circonstances, l'aiguille aimantée est toujours extrêmement agitée ; ses oscillations sont souvent si rapides, et les arcs qu'elle décrit si étendus, qu'elle fait quelquefois un tour entier.

La théorie du docteur Franklin, sur l'aurore

boréale, peut être appliquée à l'état actuel des glaces polaires. Nous savons qu'il suppose que ce météore est produit par une grande quantité de fluide électrique accumulée dans l'atmosphère, laquelle reste suspendue par le défaut de conducteur qui puisse favoriser son retour dans le réservoir commun, parce que la terre et la mer sont encroutées de glace. Cette théorie peut expliquer, comment les premières apparences de l'aurore boréale n'ont eu lieu qu'environ un siècle après que les glaces se sont fixées sur les côtes orientales du Groenland, et pourquoi elles ont été si rares dans ces dernières années.

Quoiqu'il en soit, si cependant l'influence si extraordinaire et réciproque de l'électricité de l'atmosphère sur l'aiguille aimantée d'une part, de l'autre, celle des glaces sur l'électricité atmosphérique sont si grandes, il est permis de croire, que la rupture et le départ de ces champs et de ces montagnes de glace, qui, pendant plusieurs siècles, ont couvert les mers arctiques, ont pu avoir quelqu'effet sur la déclinaison à l'ouest de l'aiguille aimantée.

On ne fait qu'indiquer ici, ces considérations qui devront fixer l'attention des savans de l'Europe, et de ceux qui sont employés à l'expédition que l'Angleterre a faite pour ce voyage de découverte. Dans notre ignorance sur la cause immédiate de ces changemens, il nous est permis de l'attribuer à la nature, qui, pour faire cesser ces anomalies, a fait un effort pour rétablir une marche plus régulière.

Si, néanmoins, la disparition des glaces arctiques étant établie d'une manière indubitable, elle devient le sujet d'une intéressante recherche, quel avantage ne peut-il pas résulter d'un événement qui n'est pas arrivé depuis environ quatre cents ans ?

Parmi ces recherches qui occupent les gens curieux, les suivantes peuvent être considérées comme aussi intéressantes pour l'humanité, qu'elles sont importantes pour les progrès de la science et la probable extension du commerce.

Nous allons considérer successivement : 1°. l'influence que devaient avoir naturellement sur notre climat, d'abord l'accumulation, puis le mouvement de ces masses énormes de glace; 2°. l'occasion qu'elle nous procure de faire des recherches sur cette colonie depuis si long-temps perdue sur les côtes orientales de l'ancien Groenland; 3°. la facilité qu'elle nous procure, de corriger la défectueuse géographie des régions polaires arctiques, surtout vers l'occident, d'essayer de déterminer les limites septentrionales du Groenland, et de trouver enfin un passage direct au pôle, ou plus circulaire, le long des côtes septentrionales de l'Amérique, pour se rendre dans la mer pacifique.

I°. *Preuves de l'influence qu'a eue, sur la température de l'Europe, l'accumulation des glaces arctiques.*

S'il était nécessaire d'entamer une discussion sur la cause de l'abaissement de température en Europe, qui ne peut être attribué qu'à la proximité de ces énormes montagnes et îles de glace, nous citerions les preuves suivantes qui sont connues de tout le monde.

1°. Les annales authentiques d'Island donnent la description de forêts impénétrables qui ont existé dans cette île; un grand nombre de places portent encore le nom de forêt, tandis qu'aujourd'hui on n'y trouve que des bouleaux qui ont à peine de cinq à six pieds de haut; et, depuis plusieurs siècles, on a fait de vains efforts pour y élever des arbres.

2°. Les voyageurs les plus recommandables (1), qui, dans ces derniers temps, ont visité cette île, rapportent, comme chose certaine, y avoir trouvé de gros troncs d'arbres enfouis dans les marais, dans les rochers et dans les vallons.

3°. Les annales, que nous avons déjà citées, rapportent aussi qu'on trouvait autrefois dans cette île, des légumes et autres végétaux, tandis que l'espèce de choux que M. Hooker y a vu, et cela dans le mois d'août, était si petit qu'un petit écu, dit-il, l'aurait totalement couvert. Il n'est donc pas douteux qu'une pareille détérioration dans le climat a pu seule occasionner de pareils changemens; et cette détérioration ne peut-être expliquée que par cette accumulation de glaces flottantes, qui, d'après Hooker, étaient si considérables qu'elles remplissaient non-seulement toutes les baies de l'île, mais s'étendaient à une si grande distance que de la plus haute montagne de l'île, il ne pouvait en voir la limite. Il est arrivé même quelquefois, que l'Island s'est trouvé en communication, par la glace, avec le Groenland,

(1) Sir Jos Banks (déjà cité), M. Van-Trael, sir John Stanley, sir G. Mac-Kenzie, M. Hooker, le docteur Holland, etc., etc.

et alors les ours blancs y arrivaient par troupes si nombreuses, que les habitans allarmés étaient obligés de s'assembler pour leur faire la guerre (1). On dit que ces masses de glace sont entraînées, et se choquent entr'elles souvent avec une telle violence, que les débris de bois, qui flottent avec elles, prennent feu par la force de la percussion. Quand ces phénomènes ont lieu, le temps est ordinairement varié et orageux; mais lorsque la glace est fixée contre la terre, l'air s'obscurcit, s'épaissit, et de forts brouillards, accompagnés d'humidité, établissent un froid tellement pénétrant, que tous les végétaux se détruisent, et que les bestiaux périssent.

4°. Mais de semblables effets, à la vérité d'une moindre extension, ont eu lieu, dit-on, en Suisse. Dans ce pays, on doute si peu que les progrès du froid marchent de pair avec

---

(1) De semblables émigrations ont souvent lieu dans les extrémités orientales de la Sibérie, où des troupes d'animaux, principalement des isatis, des renards et des ours blancs, viennent du nord par-dessus la mer gelée, et arrivent quelquefois en si grand nombre que leur trace, dans la neige, ressemble à une route qu'aurait parcourue une armée.

l'extension progressive des glaciers vers les vallons, que la société de Berne a proposé un prix pour le meilleur ouvrage sur ce sujet, qui devait, disait-elle, étendre les progrès de nos connaissances naturelles. A défaut de preuves directes, par des observations thermométriques, sur l'augmentation progressive du froid du climat, ce n'est que d'après l'autorité de leurs annales, qu'on peut assurer que plusieurs endroits des Alpes, à présent nus et sans végétation, étaient autrefois couverts d'excellens paturages; de plus, l'autorité de l'histoire et les traces qui en restent, prouvent aussi l'existence de forêts dans des contrées des Alpes où, maintenant, aucun arbre ne pourrait végéter; et que la plus basse limite du froid d'autrefois est toujours descendante.

Le même effet a été produit, en 1816, dans l'Amérique Septentrionale, tout le long de la côte de Pensylvanie, à Massachusset, où le maïs n'a pu murir; circonstance que les habitans les plus âgés du pays n'avaient pas remarquée jusqu'alors : à cette époque, les masses de glace flottaient le long des côtes de l'Océan atlantique jusqu'au 40e. parallèle.

Si tout ce qu'on vient de dire est vrai, ce qu'on ne saurait mettre en doute, relativement aux contrés dont on vient de parler, il est également vrai que le climat de l'Angleterre et celui du nord de la France ont pu, quoiqu'à un moindre degré, être affectés par cette vaste accumulation de glace, sur les côtes orientales du Groënland; car la distance entre le centre de l'Island et Édimbourg (en Écosse), n'est pas plus du double, et celle de la même île à Londres, n'est pas plus du triple de celle de l'Island, aux côtes orientales du Groënland.

Quant à ce que le climat de l'Angleterre, ait été plus particulièrement affecté, dans le courant des trois dernières années, par la descente des glaces arctiques dans l'océan atlantique, et plus particulièrement dans les mois d'été de 1616 et 1817, cela ne peut-être révoqué en doute, puisque cela a été soigneusement noté. En comparant les registres météorologiques de la société royale de Londres, pendant les quatre mois d'été (mai, juin, juillet et août), 1805, 1806, 1807, avec les quatre mois correspondans des années 1815, 1816 et 1817, on verra qu'une diminution considérable a eu lieu dans la température de cette dernière série d'années.

TABLEAU

Comparatif de l'élévation de la température, d'après le thermomètre de Fahrenheit.

(Extrait des registres météorologiques de la Société royale de Londres.)

MOIS DE	EN 1805 la plus élevée.	EN 1805 la moyen.	EN 1815 la plus élevée.	EN 1815 la moyen.	EN 1806 la plus élevée.	EN 1806 la moyen.	EN 1816 la plus élevée.	EN 1816 la moyen.	EN 1807 la plus élevée.	EN 1807 la moyen.	EN 1817 la plus élevée.	EN 1817 la moyen.
Mai....	72°	52°4′	60°	58°2′	75°	57°8′	64°	53°3′	84°	57°9′	64°	51°8′
Juin...	75	57 7	70	61 6	83	62 5	70	58 2	77	60 3	81	62 8
Juillet	79	62 1	72	62 9	81	64 5	69	58 8	85	66 5	70	60 8
Août..	79	65 0	69	63 5	81	64 5	69	61 0	80	66 7	69	59 6

On apperçoit ici une différence de 11, 12 et jusqu'à 13 degrés, entre la plus haute température des mois d'août, juillet et juin 1806, comparée à celle des mêmes mois de 1816; et pas moins de 20 dégrés en mai 1807, comparé à mai 1817; et la température moyenne est invariablement moindre de plusieurs degrés de 1816 à 1817, que la plus élevée de la moyenne de 1806 ou 1807, excepté dans le mois de juin 1817, pendant dix à douze jours que régnaient les vents d'est, les seuls qu'on ait eus durant cette été. On a remarqué que dans l'été de l'une et l'autre année, le mercure du thermomètre est constamment tombé avec les vents d'ouest.

Il ne saurait donc être mis en doute, que le froid remarquable de l'atmosphère, pendant les mois d'été de ces deux années, n'ait été occasionné par le voisinage des glaces qui flottaient dans l'océan atlantique; et si cette hypothèse est admise, il n'est aucun doute non plus que la destruction d'autant de milliers de lieues quarrées de glace, nous donne l'agréable espoir de jouir encore une fois de ces doux et aimables zéphirs, qui étaient autrefois les vents d'ouest, et qui, depuis long-temps n'existaient que dans l'imagination de nos poètes.

Recherches historiques servant à prouver, à défaut d'observations thermométriques, que l'Angleterre et le nord de la France, jouissaient d'une température beaucoup plus douce avant le quinzième siècle.

L'invention du thermomètre et des tables de température, est d'une date trop récente pour qu'on soit en état de comparer l'état de l'atmosphère, avant et après l'accumulation des glaces vers les côtes du Groënland, mais nous allons voir qu'il y a de fortes raisons de croire que, antérieurement au quinzième siècle, l'Angleterre et le nord de la France jouissaient d'étés beaucoup plus chauds, que depuis cette époque.

1°. Il est suffisamment démontré qu'à cette époque reculée les champs de vigne étaient très-communs en Angleterre, et qu'on y faisait du vin en grande quantité : en voici des preuves irrécusables.

Tacite établit que des champs de vigne furent plantés en Angleterre, par les Romains;

Holinshed (historien anglais) cite la permission donnée par Probus, aux naturels du pays, de cultiver la vigne et d'en faire du vin;

Bède (autre historien anglais) prétend que

d'après d'anciennes notices sur les dîmes, celles du vin étaient communes dans le Kent, le Surrey, et d'autres comtés du sud. Il cite, d'après les archives, des procès jugés par les cours ecclésiastiques « pour cause de dîmes » de vin; il parle de bornes de finage, encore » existantes, implantées dans la terre de nom- » breuses abbayes, qui portent encore le nom » de champ de vigne de... Il indique le quar- » tier de Londres appelé Smithfield du levant, » qui a été converti en un champ de vigne, et » possédé successivement par quatre consta- » bles de la Tour, sous les règnes de Rufus(1), » de Henry et d'Étienne; ce champ de vigne, » dit-il, portait à ces constables, de gros émo- » lumens et profits : » Ces citations semblent détruire tous les doutes à cet égard, et celles qui suivent les appuient fortement.

L'île d'Ély, en Angleterre, était dans les premiers temps des Normands, appelée île des vignes, de laquelle, rapporte-t-on, l'évêque recevait annuellement trois ou quatre tonneaux de vin pour sa dîme.

Sur la fin du règne de Richard II, le petit

(1) Fils de Guillaume le conquérant. Ce nom lui a été donné à cause de ses cheveux roux.

parc de Windsor était cultivé en vignoble, à l'usage du château.

William de Malmesbury assure que, dans le douzième siècle, la vallée de Gloucester produisait d'aussi bons vins que ceux de maintes provinces de France : « Il n'y a point, » dit-il, de province en Angleterre qui n'ait » autant et d'aussi bons vignobles que ce pays, » soit par l'abondance du fruit, soit par la dou- » ceur de la grappe ; le vin de ces vignes, » ajoute-t-il, n'a pas d'apreté désagréable, et » est de peu inférieur, en qualité et par sa dou- » ceur, à celui de France. »

Il est très-remarquable que dans un parc, près de Berkeley, dans le comté du même nom, des rejetons de vigne percent annuellement à travers l'herbe, et qu'un de ces rejetons, qui a été coupé et replanté, vient récemment de fleurir dans le jardin de sir Joseph Banks, déjà cité.

Mais sans chercher des témoignages aussi anciens, on prouvera facilement qu'il a été fait du vin en Angleterre à une époque bien plus récente.

Feu le docteur Pierre Collinson (1) avait un

---

(1) Homme digne de foi et très-instruit, à qui l'Eu-

vieux livre des premières éditions de Mayence, en marge duquel il faisait des notes. Parmi ces notes se trouve celle-ci.

« Le 18 octobre 1765, je fus voir le vignoble de M. Roger, à Parson's-Green, tout en » ceps de Bourgogne, dont les raisins étaient » parfaitement mûrs ; dans toute la quantité, » ajoute-t-il, je n'ai pas aperçu une seule » grappe qui ne fut pas entièrement mûre ; » M. Roger, dit-il, encore, espère ne pas faire » moins de quatorze pièces de vin : les rameaux » et les fruits étaient d'une grosseur remar- » quable, et les ceps très-forts. »

Ces faits suffisent pour faire sentir le ridicule de cette mauvaise plaisanterie si souvent répétée que : « Les vignobles d'Angleterre n'ont » jamais été que des vergers de pommes, et » que le vin qu'on y récoltait n'était que du » cidre. »

L'Angleterre n'est pas la seule contrée qui ait perdu ses vignes par l'effet de la détérioration du climat ; le fait suivant, et qui est attesté, le prouve

Un voyageur digne de foi raconte que

---

rope est redevable d'un ouvrage très-estimé, intitulé : *Introduction à l'étude d'un grand nombre de plantes*

« Entre Namur et Liége, la Meuse serpente à » travers une vallée très-étroite, qui présente » des sites très-pittoresques et dont la culture » ne peut être égalée dans aucun pays du » monde. De riches champs de blé et de tabac » ou autres végétaux de luxe bordent la ri- » vière dans le fond du valon, tandis que des » plans de houblon et de *vigne s'aperçoivent* » *rampant le long des rochers* et jusques aux » sommets les plus élevés. Lorsque je les vis, » dit le voyageur, en septembre 1817, tout pa- » raissait être dans l'état le plus florissant, » mais il n'y avait pas la moindre grappe de » raisin aux ceps. Je suis entré en conversation, » continue-t-il, avec un grand nombre de » cultivateurs de cette contrée, qui tous m'ont » assuré qu'on y faisait autrefois d'excellens » vin rouge et blanc, mais que dans le cours » des sept dernières années ils n'en avaient pas » fait la valeur d'une bouteille; et que mainte- » nant, malgré la stérilité dont la vigne est » frappée, ils ne continuaient pas moins à la » cultiver, dans l'espoir qu'une saison favorable » leur rendrait ce qu'ils avaient déjà vu, il y » a sept ans, ou, ce qui serait bien plus fa- » vorable encore, qu'une température plus » chaude rétablirait ces vignes dans l'état où

» on les a vues il y a quarante à cinquante » ans. »

Mais, dit l'observateur anglais qui fait cette citation, quant à nous, une perspective bien plus triste que la simple perte du vin nous menaçait par l'augmentation du froid dans nos mois d'été.

En effet, il n'est que trop bien connu que les mois d'été de 1816 n'ont pas été assez chauds en Angleterre pour faire mûrir les grains ; et il est généralement admis que, sans les dix à douze jours de temps chaud qui a régné dans ce pays vers la fin de juin 1817, la plus grande partie des blés y aurait péri· Ceci, ajoute l'observateur anglais, est pour la génération actuelle d'un bien plus grand intérêt que le prétendu âge d'or de nos poètes, quand Bacchus se réjouissait sur nos côteaux. En effet, il serait très-allarmant pour nous (c'est toujours l'Anglais qui parle) de voir Pomone déserter nos vergers, et que les pommes pussent à peine mûrir dans une contrée où fleurissait autrefois la vigne! Depuis seize ans les pommiers de nos vergers n'ont point produit de récolte remarquable; « ainsi, avant une époque » peu éloignée, notre postérité pourrait se

» trouver, à l'égard du cidre, dans la situation » dans laquelle nous sommes maintenant à » l'égard du vin, si les pommiers, comme les » treilles, ne produisaient qu'une petite quan- » tité de fruits aigres, à moins de les cultiver » dans des serres, et alors ces fruits ne servi- » raient qu'à couvrir la table des riches. » (Extrait du Journal des Sciences de la société royale de Londres.)

Un événement consolant paraît détruire cette triste perspective : c'est la destruction de ces vastes plaines de glace dont on vient de parler, et il n'est pas déraisonnable de présumer que le climat d'été d'Angleterre, et même celui d'hiver, quand le vent vient de l'ouest, parviendra à s'adoucir; quoiqu'on sache bien que les changemens de température dépendent d'une multitude de causes variées, il n'en est pas moins vrai que le simple effet d'une atmosphère refroidie et condensée, qui couvrait au moins cinquante mille milles quarrés de glace, et qui, venant de l'ouest, se dirigeait vers les îles britanniques, a dû produire ces changemens, abstraction faite de toute autre cause. Cette première cause étant détruite, loin de s'attrister avec le journaliste auteur de la dernière remarque qu'on vient de citer, on doit être disposé à dire avec Virgile :

Insere nunc, Melibœe, pyros, pone ordine vites.

2°. *De l'occasion que la disparition des glaces polaires nous procure de faire des recherches tendantes à connaître le sort de la colonie de la côte orientale du Groënland.*

Une chaîne centrale de montagnes très-élevées, couverte de neige perpétuelle, dirigée du nord au sud, divise l'ancien Groënland en deux parties distinctes, désignées par les colons danois et norwégiens, sous le nom de *East bygd* et *West bygd*, et entre lesquelles toute communication a été coupée depuis la fixation de la barrière de glace dont on a parlé, parce que cette communication n'avait lieu que par mer, vu l'impossibilité de franchir ces montagnes glacées.

Les premières colonies de l'ouest s'étaient augmentées, au point de former quatre paroisses composées d'une centaine de villages ; mais, étant perpétuellement en guerre avec les Esquimaux, elles ont été totalement détruites. Les ruines de quelques édifices étaient encore visibles en 1721, lorsque le pieux et aimable Hans Égède y alla avec sa famille pour s'y établir et pour rétablir une nouvelle colonie sur la partie de la côte du Groënland, qui appartient à la compagnie de Bergen en Norwège. Celle-ci existe encore, et sa population, d'après le recensement imparfait de 1802, s'élevait à 5,621 ames. Mais on a appris depuis que, en y comprenant les établissemens des frères Moraves et les naturels du pays, qui sont presque tous convertis au christianisme, la totalité de la population de la côte occidentale du Groënland, peut s'élever à vingt mille ames. On n'y remarquait jusqu'à présent, qu'un petit nombre de bêtes à cornes, mais un nombre considérable de moutons, pour la nourriture desquels les habitans coupent l'herbe pendant l'été, qui est très-court, pour en faire du foin qui leur sert pendant l'hiver. Ils ont en vain cherché à éléver des cochons, ces animaux n'ont pu se faire à la rigueur de leur hiver.

La colonie Danoise de l'est était bien plus considérable, que n'ont jamais été celles de l'ouest. D'après les annales d'Island, il paraît que l'origine de son établissement, remonte à 983, par Erick le Roux. Ce pays a été alors nommé Groënland (pays vert), par allusion à sa verdure, comparée à celle de l'Island; il paraît aussi d'après les mêmes annales, que des églises et des couvens y ont été édifiés, et qu'il y a eu une succession d'évêques et de pasteurs. D'après les dernières nouvelles qu'on en a eues, au commencement du quinzième siècle, cette colonie consistait en douze paroisses, comprenant cent quatre-vingt-dix villages, un siége d'évêque et deux couvens. Lorsqu'en 1406, le dix-septième évêque y alla de Norwège, pour prendre possession de son siège, les glaces s'étaient tellement accumulées sur la côte, où elles se sont fixées, qu'elle est devenue inaccessible. Depuis cette époque, jusqu'à l'été de 1817, toute communication avec ces malheureux colons, a été interrompue.

Il est cependant relaté dans l'histoire du Groënland, par Thormoder Torfager, que « Amand, évêque de Skalholt, en Island, » lorsqu'il retournait de Norwège dans cette » île, vers le milieu du seizième siècle, fut » jeté, par l'effet d'un ouragan, vers Herjolsness, sur la côte orientale du Groënland, » directement opposée à l'Island, et que le » vaisseau approcha assez de la côte pour que » les matelots pussent distinguer les habitans, » menant leur bétail dans la prairie; mais le

» vent devenant tout d'un coup favorable, ils » reprirent la route d'Island, où ils abordèrent le » lendemain, en jetant l'ancre dans la baie de Saint-Patrice. De toutes les relations les mieux attestées, dit Hans Égède, celle de l'évêque Amand mérite le plus de confiance; par cela, continue cet évêque, nous apprenons que la colonie du district de l'est existait encore environ cent cinquante ans après que la navigation et le commerce, eurent cessé entre la Norwège et le Groënland. D'après le peu qu'on en sait aujourd'hui, on ne peut affirmer s'il existe encore tout ou partie de ces colonies Norvégiennes.

Il a été supposé par quelques écrivains danois que la *peste noire*, espèce de maladie qui existait alors, qui en 1348 désolait l'Europe, avait étendu ses ravages jusqu'en Groënland; mais cette assertion, dit encore ce pieux évêque Égède, est dénuée de tout fondement, parce qu'une correspondance non interrompue, paraît s'être maintenue avec cette colonie, pendant environ cinquante-huit ans, après que les ravages de cette affreuse maladie eurent cessé; il pense au contraire, dans sa pieuse philantropie, que ces colonies ont été négligées, soit par le changement du gouvernement, lors du règne de la reine Marguerite, soit par la division qui existait entre les Danois et les Suédois; car il paraît, dit-il, qu'après l'essai infructueux qu'avait tenté l'évêque dont il est parlé plus haut, il s'est écoulé un siècle jusqu'à ce qu'on ait tenté une nouvelle descente; c'est-à-dire, lorsque les Christian et les Frédérick, dirigeant leurs pensées vers ces possessions éloignées et depuis si long-temps négligées, prirent des mesures pour s'informer du sort de leurs infortunés sujets. Un certain Mogens Heinson, célèbre navigateur de ce temps, fut entr'autres employé à cette recherche. Après maintes difficultés il parvint à voir la côte, mais ne put jamais en approcher: la raison qu'il en assignait à son retour, et qui prouve l'ignorance du temps, fut « que » son vaisseau fut arrêté au milieu de sa course » par de nombreux rochers d'aimant cachés » par la mer. » Plusieurs tentatives subséquentes furent faites, mais toutes sans succès.

Plusieurs essais furent tentés aussi pour obtenir des renseignemens sur les colonies de l'est par celles de l'ouest, en côtoyant autour de Staatenhock. Égède s'embarqua lui-même dans une de ces expéditions, mais il fut obligé de rétrograder sans avoir pu exécuter son projet philantropique. On ne peut s'en rapporter aux sottises que débitent les Esquimaux, qui disent » qu'ils ont peur d'approcher des côtes orien- » tales, attendu qu'elles sont habitées par une » race d'hommes barbares, d'une taille très- » élevée, qui se nourrissent de chair humaine.» C'est ainsi que la superstition, la terreur ou la malice créent des cannibales dans tous les pays du globe non civilisés ou inconnus.

Après autant de tentatives publiques ou par- culières, il est inexplicable comment les Danois peuvent douter, ce qu'au moins quelques uns de leurs écrivains prétendent faire, qu'il y ait jamais eu de colonies sur la côte orientale, à moins que ce ne soit pour pallier leur négligence à la premiere apparence des glaces, et leur manque d'humanité depuis cette fatale époque. Il n'en est pas de même du gouvernement danois, qui n'a jamais manifesté le moindre doute à cet égard, car très-récemment, en 1786, le capitaine Lowenorn de la marine royale fut envoyé par commission expresse pour avoir des renseignemens sur l'ancienne colonie de la côte orientale. On a lieu de croire que les particularités de ce voyage n'ont jamais été publiées; mais l'extrait suivant d'une lettre de M. Fenwick, consul britannique en Danemarck, datée d'Elseneur,

le 9 septembre 1786, et adressée au secrétaire de l'amirauté de Londres, prouve que cette expédition a manqué. « Le capitaine Lowe-
» norn a passé ici il y a trois jours pour se
» rendre à Copenhague. Après des recherches
» infructueuses pendant deux mois, pour trou-
» ver l'ancien Groënland, il ne put pénétrer
» vers la côte où on le supposait, à cause de
» l'immensité de glaces flottantes qui arrêtaient
» sa navigation; cependant, malgré le peu
» d'espoir de succès qu'il pouvait avoir, il a
» laissé dans ces parages les deux lieutenans
» Égède et Rhode, dans le bâtiment pêcheur
» *le New-Experiment*, afin qu'ils profitent du
» premier moment favorable qui pourrait se
» présenter pour pénétrer plus avant, et essayer
» d'opérer quelques nouvelles découvertes après
» son départ. » On a été autorisé depuis à penser qu'ils n'ont pu parvenir à découvrir la terre.

Il a été réservé, dit un auteur anglais, à notre génération de trouver l'occasion, qui, certainement ne sera pas négligée, de faire de nouvelles recherches sur le sort de ces malheureuses colonies.

En effet, si, comme il y a lieu de le craindre, toutes les races sont anéanties, il est possible au moins que l'on trouve quelques vestiges qui répandent des lumières sur le sort qu'elles ont éprouvé, après leur emprisonnement par les glaces. Il serait possible aussi que quelque tradition en fût conservée, par une succession de races mixtes de leurs descendans, ou que quelqu'inscription se trouvât sur les murs soit de la cathédrale, soit des couvens, qui étaient bâtis en pierre. Mais, dût-on ne trouver aucune trace, la recherche n'est pas moins un objet d'une raisonnable et louable curiosité, et il ne peut, enfin, qu'être agréable à tout le monde de lever tous les doutes sur une question d'une nature si intéressante.

III. *De la facilité qui résulte de l'événement de la disparition des glaces polaires, pour corriger la défectuosité de la géographie de ces contrées, pour déterminer la limite septentrionale du Groënland, et pour trouver un passage, par le nord, pour se rendre de l'océan atlantique dans l'océan pacifique.*

Une occasion quelconque qui tend à encourager la tentative de perfectionner la géographie des régions arctiques, qui est si défectueuse, surtout du côté de l'Amérique, doit être saisie comme une circonstance importante. Le départ des glaces peut donc être considéré comme une occurrence favorable à la poursuite des découvertes dans ces contrées; à l'exploration des côtes du vieux Groënland, et à fixer la question, si long-temps agitée, de savoir si ce pays est isolé, ou bien s'il fait partie du continent de l'Amérique; à l'examen de cette mer mal-à-propos appelée baie de Baffin sur les cartes, et à chercher enfin la solution de cet intéressant problême : si une communication, libre et non interrompue, existe entre l'océan atlantique et l'océan pacifique, autour de la côte septentrionale de l'Amérique......

Plusieurs circonstances appuient l'opinion reçue, que le Groënland est ou une île ou un archipel, et, dans ce cas, la baie de Baffin doit être effacée de la carte.

Le courant perpétuel qui descend du nord, le long de la côte orientale de l'Amérique et de la côte occidentale du vieux Groënland, fournit une forte présomption qu'il existe une communication non-interrompue entre le détroit de Davis et le grand bassin du Pôle arctique; car si le Groënland était réuni au continent de l'Amérique, et si le détroit de Davis se bornait à la baie de Baffin, en supposant que cette baie existe, il serait encore difficile d'expliquer comment un pareil courant, qui a quelquefois une vitesse de quatre milles et plus par heure, aurait sa source au fond d'une telle baie. Ceci n'est cependant pas le seul argument en faveur de l'opinion de l'existence d'une mer ouverte vers le nord. Des quantités immenses de bois flottant sont entraînées par ce courant du nord, en sorte qu'au-dessous de l'est du Groënland, l'encombrement en est quelquefois tel que les baies de la côte septentrionale de l'Island en sont remplies.

Aucuns de ces bois, qui sont de grande dimension, ne peuvent être originaires du nord, attendu qu'à plusieurs degrés plus bas on ne trouve, comme produits du pays que des bouleaux avortés.

La preuve que ces gros arbres, qui paraissent avoir été récemment arrachés du sol auquel ils appartenaient, par l'écorce fraîche qui y est encore adhérente et par leurs branchages, viennent et ont parcouru des climats plus chauds, c'est qu'il s'en trouve qui sont rongés de vers et d'autres qui ont des marques qui indiquent la main-d'œuvre des hommes.

Ces arbres consistent en pins, sapins, bouleaux, trembles et autres bois qui sont, en effet, des productions qui appartiennent aussi bien à l'Asie qu'à l'Amérique, et qui, d'après toutes les probabilités, ont été entraînés par nombre de rivières de l'un et l'autre de ces continens, quelques uns, peut-être à travers le détroit de Behring, vers le grand bassin du Pôle, d'où ils sont charriés par les courans tourbillonnans vers l'issue qui les porte à l'océan du nord. Delà il est plausible de conclure qu'il doit exister un passage libre entre ce bassin et le détroit de Davis.

Le fait que plusieurs vaisseaux, qui ont atteint la hauteur de Baffin, n'ont point eu la moindre apparence de terre, détruit tous les doutes sur l'existence de la baie, telle qu'elle est tracée sur la carte. En voici une autre preuve : le maître du *Larkins*, de Leith en Écosse, a publié qu'il avait atteint, en 1817, le 80e. parallèle; mais d'après le rapport qui en fut fait à M. Wood, propriétaire du vaisseau, celui-ci examina soigneusement cette assertion, et eut occasion de s'assurer que ce capitaine n'avait pas dépassé le 77e. degré au nord, que la mer était libre de glace, mais qu'on n'a point eu de terre en vue. Dans la même année, le capitaine Lawson, de la marine royale anglaise, après avoir passé les glaces, courut librement en pleine mer, à la hauteur de 76 degrés, sans éprouver le moindre obstacle par une terre quelconque.

Un troisième argument en faveur de l'opinion que le vieux Groënland est une île, peut se tirer d'un fait très-connu des pêcheurs des mers du nord, c'est que des baleines frappées du harpon sur les côtes de Spitzberg, sont très-communément trouvées, frappées de nouveau et mises à mort dans le détroit de Davis avec le premier harpon dans le corps, et réciproquement; on ne saurait se méprendre à cet égard, car le nom du bâtiment et celui du port auquel il appartient sont toujours gravés sur le manche des harpons. C'est ainsi que le capitaine Franck, en 1805, harponna une baleine dans le détroit de Davis, laquelle fut tuée, près du Spitzberg, par son fils, qui trouva le nom de son père sur le harpon qu'elle avait dans le corps; dans la même année et à la même place, le capitaine Sadler tua une baleine, qui avait dans son corps un harpon d'Esquimaux. Ces faits sont si communs qu'il existe une convention entre les pêcheurs de partager le produit de ces baleines, doublement frappées, entre les deux bâtimens qui les ont chassées.

La distance que ces baleines blessées doivent

avoir à parcourir, autour du nord du Groënland, est si peu considérable, et on les voit si rarement entrer dans le détroit de Davis par le cap Farewell, que la probabilité est encore en faveur de la première supposition.

Il appartient spécialement, dit un auteur anglais, au gouvernement britannique d'établir la certitude de l'existence d'un passage de l'océan atlantique à l'océan pacifique, par le nord-ouest de l'Europe.

En effet, cette recherche fixa l'attention et obtint l'encouragement des écrits les plus savans et celle des plus respectables négocians, dès les premières époques de la navigation britannique. Dès ce temps, la tentative fut favorisée par les souverains et les parlemens : les premiers en disposant des vaisseaux, et les derniers en vôtant une récompense de vingt mille livres sterling pour effectuer une découverte aussi intéressante pour l'humanité, pour la science et pour le commerce. Le règne de Georges III, continue cet Anglais, sera évidemment un des plus glorieux dans l'histoire de la postérité, par l'esprit de sagacité avec lequel les découvertes sont poursuivies, et les questions scientifiques, protégées. L'espoir nous apparaît, dit-il, que, avant la fin de ce règne, l'intéressant problême d'un passage au nord-ouest sera résolu; et cette grande découverte, dont les Frobisher, les Hudson, les Davis, les Baffin et les Bylot ont successivement tracé la route, accomplie.

On a effectivement peu ajouté aux découvertes de ces hommes extraordinaires, qui, dès les premiers temps de la navigation, ont eu tant de difficultés à vaincre, qui, sans de véritable science et sans instrumens ont tatoné, pour ainsi dire, cette route dans de misérables barques, à travers des pays inconnus et d'immenses plaines de glace.

Un auteur anglais, déclare qu'il est bien humiliant pour son gouvernement de ce que les quatre avant dernières expéditions armées pour faire des découvertes dans ces régions, n'aient apporté aucun perfectionnement aux connaissances géographiques acquises deux siècles auparavant, sur ces mers et sur ces îles. On nous a fait entendre, dit-il, d'une manière assez peu généreuse, que la principale cause de cette faute était dûe à ce qu'on avait confié ces commandemens à des officiers de la marine royale (1).

(1) Le capitaine Middleton, les lieutenans Pickersgill et Young, et M. Duncan maître.

Rien n'est plus injuste, à la vérité, que d'attacher du blâme à tout un corps pour signaler l'inconduite ou l'impéritie d'un petit nombre. Le peu de succès qu'a eu cette tentative ne doit pas empêcher d'employer à l'avenir à ce service des officiers de la marine royale; car dans la circonstance dont il est question, il est arrivé que l'un de ces officiers fut suspecté d'avoir agi sous l'influence de ces anciens maîtres (la compagnie de la baie d'Hudson), qui étaient opposés à toute recherche de ce genre, se considérant comme en ayant seuls le privilége exclusif; un autre était adonné à la boisson; un troisième fut effrayé par les glaces, et le quatrième était totalement mis hors d'état par une violente attaque de fièvre. La seule raison qui pourrait faire appréhender d'employer des officiers de la marine royale, c'est que leur zèle pourrait les compromettre en les menant trop loin, sans prendre les précautions nécessaires; car la navigation à travers les glaces est elle-même une science, qui ne s'apprend que par la pratique : aussi la prudence a-t-elle dicté au gouvernement anglais d'attacher à chacun des bâtimens employés à l'expédition du nord, des marins pêcheurs du Groënland, qui, par leur expérience, pourront servir de pilotes dans de pareilles mers.

Les fondemens de l'existence d'un passage de la mer atlantique à l'océan pacifique, reposent sur la question de savoir si le Groënland est une île? Ils sont assez puissans pour justifier le renouvellement d'une entreprise tendante à completter cette découverte.

Le plan ci-annexé, construit sur celui du Pôle tel qu'il est connu, assistera le lecteur dans l'explication des notions qui vont suivre sur cet intéressant sujet.

Si l'on a trouvé que la côte septentrionale de l'Amérique se terminait à l'embouchure des rivières de Mac-Kensie et de Copper-Mine, vers le 70e. parallèle; si le cap glacé paraît être l'extrême pointe de l'Amérique vers l'ouest, et si personne n'a tracé sa limite à l'est, au-delà du cercle polaire ou plus loin, à 67 degrés, il est raisonnable de conclure que la direction générale de cette côte, d'une extrémité à l'autre, se trouve entre le 69e. et le 71e. parallèles; ceci est rendu encore plus probable par la direction de la côte de l'Asie, à l'exception d'un ou deux points situés presque le long de ces parallèles.

Toute la distance des deux extrémités est et ouest de l'Amérique septentrionale, c'est-à-dire de A en B (v. le plan), est un peu plus de quatre cents lieues, dans laquelle la côte a été vue se terminer à trois différens points, à peu près d'égale distance; ainsi, comme on l'a dit plus haut, il ne reste à découvrir que le quatrième point A. Pour doubler ce point, inconnu, il y a une grande difficulté à vaincre, et cette difficulté serait certainement insurmontable si, comme le marquent les cartes, le continent de l'Amérique a été trouvé réuni au vieux Groënland; cependant les exemples contraires cités plus haut, ces baleines blessées et les courants du nord, rendent une semblable supposition sensiblement improbable.

Il en est de même, on peut en être persuadé, de l'hypothèse proposée par quelques géographes français et allemands : que l'île ou le continent de la nouvelle Sibérie (ainsi qu'on l'appelle), se dirige circulairement vers l'Est, et se joint au nord de l'Amérique; et de l'opinion bien plus improbable, que l'ancienne Sibérie est jointe à l'Amérique, en formant une baie profonde dont le détroit de Behring est l'entrée. Quant à l'idée plus récente, qui paraît avoir été conçue par le capitaine anglais,

Burney, elle rendrait toute tentative de découverte d'un passage par le nord-ouest complètement négative : il est donc de la plus haute importance de rechercher les bases sur lesquelles ces assertions reposent, afin de découvrir, s'il est possible, la vérité.

Des courans des mers du nord.

Tout le monde sait que depuis l'introduction générale de l'usage du chronomètre (1), dans le service naval de la compagnie des Indes anglaise, et dans la navigation de la plupart des autres bâtimens du commerce, les nombreux courans qui existent dans l'Océan ont été reconnus et corrigés. Ces observations seront sans doute bientôt réduites en système, grâce à l'habileté et à l'infatigable industrie du major Rennel, anglais. Cependant, par ce qu'on en sait déjà, il paraît que, dans toutes les parties de l'Océan, les eaux sont dans un mouvement progressif ou circulaire, indépendamment des marées qui n'existent que sur les côtes, parmi les îles ou dans des passages directs et étroits. Ce mou-

(1) Instrument qui sert à mesurer les temps et à déterminer la longitude par des observations lunaires.

vement universel dans cette masse fluide, dit un Anglais, est sans doute un des moyens employés par la Providence pour maintenir la pureté des eaux.

On a déjà expliqué plus haut les moyens de suivre les traces qui paraissent établies de l'Océan Pacifique à l'Océan Atlantique, par la côte septentrionale de l'Amérique. La direction du courant, ainsi qu'elle est tracée sur le plan du bassin polaire, n'est à la vérité que conjecturale, tandis que le courant, qui a son entrée par le détroit de Behring, au nord de l'Océan Atlantique, est réel.

Par ces deux ouvertures, un mouvement constant, circulaire, et un échange d'eau entre les deux Océans semble continuer au nord, ainsi que cela a lieu, comme on le sait, autour du cap de Bonne-Espérance et du cap Horn, dans l'hémisphère austral.

On sait bien que le principal fondement de l'objection contre une libre communication entre l'Océan pacifique et le bassin du pôle arctique, dérive des observations du capitaine Cook, qui ne trouva que peu ou point de courant au nord du détroit de Behring; mais il est facile de réfuter cette objection par un exemple qui est à la portée de tout le monde.

En effet, il n'y a que peu ou point de courant dans le bassin d'un moulin, quoique l'eau se précipite avec la plus grande violence par la vanne d'une écluse. L'inclinaison des côtes de l'Asie et de l'Amérique, opposées les unes aux autres, forme une semblable ouverture, dans laquelle de pareils courans ont été observés, se précipitant avec une vélocité extraordinaire le long des côtes occidentales de l'Amérique et de celles orientales du Japon et du Kamtschatka (voyez le dernier voyage de Cook). La barrière impénétrable de glace qui a arrêté les progrès des successeurs de Cook peut être considérée comme un obstacle temporaire ou comme l'écluse de ce bassin. Cette barrière était élevée de huit à dix pieds au-dessus, et n'avait pas moins de cinquante à soixante pieds de profondeur au-dessous du niveau de la mer; mais l'eau avait une profondeur de plus de cent pieds au-dessous de ce niveau, ce qui lui fournit un ample espace pour s'échapper, et c'est ce qu'elle doit faire avec une grande vélocité, sans qu'on s'en aperçoive à la surface. Il serait difficile d'expliquer la sortie continuelle du courant du bassin polaire dans l'Océan Atlantique, ce qui est cependant un fait authentique, si on n'admettait pas qu'une quantité d'eau suffisante sortît par cette seule ouverture, qui semble établie à ce bassin pour fournir l'eau nécessaire à ce courant. Ceux qui supposeraient que l'eau provenant de la fonte d'une partie de la glace suffirait à cela, trahiraient leur ignorance sur le peu d'influence qu'un été des régions arctiques peut avoir sur les champs de glace, qui sont perpétuellement entourés d'une atmosphère froide et gelante, produite par eux-mêmes.

En second lieu, le courant qui se dirige au sud, en entrant dans l'Océan Atlantique par les deux rives du Groënland, est perpétuel, non-seulement quand la glace se fond, mais même quand la mer se gèle.

Le lieutenant Parry, de la marine royale anglaise, en revenant en 1817 d'Halifax, a rencontré, dès le 2 avril, à 44 degrés nord, une île de glace ayant plus de cent cinquante pieds d'élévation, et deux autres de moindre dimension. Pour que des masses de glace semblables aient pu se rencontrer à une latitude aussi basse et à une époque de l'année aussi peu avancée, il faut que ces masses se soient détachées dès le milieu de l'hiver, et qu'elles n'aient rencontré aucun obstacle.

Il paraît qu'on a voulu insinuer que la disproportion de la triple ouverture vers le bassin polaire, par le détroit de Behring, par celui de Davis et celle qui existe entre le Groënland et le Spitzberg, était fatale à la théorie qu'on vient de présenter. Cependant, si l'on considère les grandes disproportions qui existent dans la largeur des rivières, dans les diverses parties de leur cours, et qui souvent sont plus profondes là où elles sont plus larges, cette objection n'aurait rien de concluant, si surtout on trouvait, comme on a lieu de le penser, que les courans de l'Océan où la terre intervient sont entièrement superficiels. Le courant du golfe du Mexique, qui passe entre Bahama et la Floride orientale, par exemple, n'a guère plus d'étendue et est peut-être moins profond que le détroit de Behring; et cependant il passe assez d'eau dans ce détroit, et sa force est assez puissante pour que son influence se fasse sentir jusques dans le détroit de Gibraltar, qui en est très-éloigné, et jusques sur les côtes d'Afrique, encore plus éloignées. Il faut se rappeler aussi que plusieurs rivières considérables d'Asie et deux ou trois de l'Amérique septentrionale fournissent une grande quantité d'eau au bassin polaire du nord.

Comme il a été dit plus haut, la circonstance

de baleines frappées du harpon dans la mer du Spitzberg ou dans le détroit de Davis, et qui ont été trouvées sur les côtes nord-ouest de l'Amérique septentrionale, aussi bas que Nootka-Sound (baie à 49 degrés de latitude septentrionale), est une nouvelle preuve d'une communication libre entre les deux Océans, à moins qu'on ne veuille soutenir que ces baleines blessées aient parcouru le trajet immense par le cap Horn. C'est une circonstance de ce genre qui a fait conjecturer de bonne heure le passage entre le Japon et l'Océan Atlantique du nord. M. Mac-Leod fait mention de ce fait, à lui communiqué par Grozier, qui l'a puisé dans le recueil des voyages où l'on trouve les détails du malheureux voyage de Hendrick Hamel sur le yacht *le Sparwer*, en 1653. Ce bâtiment a fait naufrage sur l'île de Quelpaert, et l'équipage fut conduit à Corea, où il fut gardé prisonnier pendant plus de treize ans. Hamel dit que, dans la mer nord-est de Corea, on prend tous les ans un grand nombre de baleines, dans le corps desquelles se trouvent des harpons de pêcheurs français et hollandais qui font la pêche à l'extrémité de l'Europe. D'où nous concluons, dit Hamel, qu'il existe certainement un passage entre Corea et le Japon, qui communique avec le détroit de Waigatz.

Cause du peu de succès des tentatives faites jusqu'à ce jour pour constater l'existence d'un passage, par le Pôle, ou son impossibilité.

Voici les raisonnemens appuyés sur des faits, à l'aide desquels cette cause peut être expliquée.

C'est en conséquence de la grande profondeur des glaces flottantes dans l'eau que ces masses sont arrêtées à de grandes distances du rivage; c'est ainsi, comme on l'a déjà dit, qu'elles servent de centre commun autour duquel viennent adhérer des masses moins considérables; et comme le soleil d'été, dans ces climats, a peu d'influence sur des masses aussi énormes, il en résulte nécessairement une accumulation continuelle, qui, d'année en année, s'étend toujours davantage; et si des fragmens considérables n'eussent pas été fréquemment arrachés et entraînés par le courant, toute la surface de l'eau dans les détroits et dans ces mers étroites serait à la longue couverte de glace.

C'est d'après de semblables circonstances que les baies et les rades de Terre-Neuve, de la Nouvelle-Écosse, du cap Breton, du détroit de Belle-Ile, ainsi que les rivages des îles du golfe Saint-Laurent sont encombrés tous les ans de glaces, quoiqu'ils soient plus au sud que Londres, quelques uns même de plusieurs degrés. Les détroits et les îles les plus septentrionales, qui forment le passage de l'entrée de la baie d'Hudson, ne sont jamais dépourvus de montagnes et de masses de glaces, et quoique tous les navigateurs, qui se sont occupés de découvertes, soient ou entrés dans ces détroits, en luttant contre la glace, le courant et la marée sur la côte orientale de l'Amérique, ou soient restés trop près de terre sur les côtes occidentales du Groënland, où ils ont rencontré les mêmes obstacles, il n'en est pas moins vrai que le parallèle le plus élevé que les premiers aient pu atteindre n'a point passé le 67ᵉ, trop court de 3 ou 4 degrés du point A (voyez le plan), près duquel, comme on l'a déjà dit, on peut espérer de trouver l'extrémité du nord-est de l'Amérique.

Il est au contraire reconnu que le milieu du canal du détroit de Davis est, dans de certaines saisons, totalement dépourvu de glace, jusqu'à une latitude beaucoup plus élevée. M. Graham Muirhead, maître du *Larkins* dont il est parlé plus haut, après avoir passé les glaces et avoir atteint la latitude de 75° 30' nord, ayant les côtes du Groënland en vue à l'est, fit voile de là à l'ouest, en suivant ce parallèle, et parcourut l'espace de trois cents milles, trouvant la mer entièrement libre, à l'exception de quelques fragmens de glace, par-ci, par là, qui flottaient vers le sud. A cette hauteur et vers le sud-ouest il observait un ciel jaune, ou ce que les Anglais appellent ordinairement *land-blink*, qui veut dire apparence de terre.

La situation des glaces change continuellement. Dans la même année, *le James de Witby*, rencontrant un corps compact de glace à la latitude de 75 degrés nord, revint sur ses pas et retourna en Angleterre; mais *le Larkins*, comme on vient de le voir, ayant persévéré, atteignit le 77ᵉ parallèle, où il rencontra des baleines en abondance, et où il trouva la mer entièrement libre de glaces.

Le Spitzberg est ordinairement entouré de glaces, mais la mer au nord de cette île est ordinairement si ouverte et si libre, que l'idée générale des pêcheurs est, qu'il n'y aurait pas de difficulté d'approcher du pôle par ces parages. Feu M. Daines Barrington a recueilli beaucoup d'observations curieuses sur ce point, à l'aide desquelles il fut tellement convaincu de la possibilité d'approcher du pôle, qu'il a demandé et obtenu du président et du conseil de la société royale de Londres qu'une recommandation fût faite à lord Sandwich (premier lord de l'amirauté lors des guerres de l'Amérique, de 1775 à 1783), pour qu'une expédition de découvertes fût dirigée vers le pôle arctique ; cette proposition fut adoptée, et le commandement de l'expédition fut confié au capitaine Phipps (depuis lord Mulgrave). Cette expédition a totalement manqué, parce que ce capitaine ne put vaincre la barrière de glace que lui opposait le voisinage du Spitzberg.

Cause du froid dans les régions arctiques, et preuves que la grande mer du pôle est libre de glace.

C'est cette accumulation de glace autour des terres, plutôt que l'élévation de la latitude, qui cause l'extrême froid et la rigueur du climat au Spitzberg et à la Nouvelle-Zemble. « Ce » n'est point le voisinage du pôle, dit Deveer

» dans sa préface de l'histoire des trois voyages » de Barentz, mais la glace qui entre et qui » sort de la mer de Tartarie, qui nous causa » le plus grand froid. » Au lieu donc d'approcher la terre ou de chercher à traverser des passages étroits, il sera prudent de s'en éloigner, de garder autant que possible la pleine mer, ou de suivre le bord du courant, attendu que c'est là que l'on peut espérer de trouver la mer libre.

L'année dernière (en 1817) *le Neptune* d'Aberdeen, déjà cité, atteignit la latitude de 83° 20', dans la mer du Spitzberg, qui est éloignée du pôle de moins de quatre cents lieues, et qu'il trouva ouverte et libre de glace. Le docteur Grégory trouva dans le maître du *Neptune* un homme éclairé et un prudent navigateur, muni de tous les instrumens nécessaires à des voyages de long cours. On a eu des relations de plusieurs autres baleiniers qui sont parvenus au-delà du 81e degré de latitude nord, et qui confirment parfaitement l'assertion du *Neptune*.

La surface de la mer, en effet, ne gèle pas facilement en aucune latitude; il faut que le thermomètre de Fahrenheit descende à 27 degrés avant qu'une pellicule se forme à sa surface, et il ne s'en formera pas même à zéro, à moins que le temps ne soit calme et la surface tranquille, et, dans ce cas, on aura seulement ce que les baleiniers appellent *pancak-ice*, c'est à dire galette de glace. On a fréquemment en Angleterre le mercure du thermomètre de Fahrenheit au-dessous de zéro, sans que l'on voie le canal gelé, ni aucune partie de l'Océan de ce côté. Ce ne sont que les mers étroites ou celles qui n'ont ni marées, ni courants, qui gèlent. Quant aux montagnes de glace, c'est près de terre, des deux côtés d'une vallée ou près des côtes escarpées qu'elles se forment : ce sont de véritables avalanches. Il est à cet égard un fait remarquable à citer, c'est que toutes les glaces apportées autour du Spitzberg par les courans du sud-ouest, sont des champs de glace, tandis que celles qui viennent du détroit de Davis sont des montagnes de glace. C'est cette terre marquée sur le plan comme inconnue, et qu'on a nommée Nouvelle-Sibérie (1), qui est probablement la

(1) Ce nom a été donné à cette terre par le capitaine russe Hédenstrom, qui, il y a six ou sept ans, a fait un voyage au nord. Après avoir visité les îles qui se trouvent au nord de l'ancienne Sibérie, il passa dans

source des montagnes de glace ; et, si cela est ainsi, la mer à travers laquelle ces montagnes énormes flottent doit être ouverte ; et où ces masses peuvent flotter, un vaisseau ne trouvera pas de difficulté à naviguer. De plus, si toutes les flottes qui vont ou qui viennent annuellement d'Archangel doublent le cap nord

---

le détroit formé par ces îles et la terre dont il est question. Cette terre, que quelques cartes avaient déjà indiquée sous le nom de *Terre-Liaikhof*, offre d'assez hautes montagnes et deux rivières considérables, ce qui semble indiquer qu'elle est d'une certaine étendue. Cette étendue paraît encore justifiée par ces multitudes d'animaux qui en viennent (*voyez* page 29) et qui doivent nécessairement y trouver une nourriture suffisante pendant une partie de l'année. On y a vu des traces d'hommes et d'animaux ; mais celles des premiers n'étaient sans doute dues qu'à des chasseurs sibériens qui ont pu s'y rendre en passant par-dessus la mer gelée. C'est la certitude acquise par le capitaine ci-dessus cité, de l'existence de cette terre déjà aperçue par des Hollandais en 1707, mais reconnue seulement en 1774 par l'arpenteur russe Chwoïnof, d'après les indications d'un marchand-chasseur (Liaikhof), qui a donné lieu à la conjecture de l'existence d'un vaste continent arctique dont la Nouvelle-Sibérie faisait partie. L'époque approche sans doute où cet intéressant problême sera résolu.

par la latitude de 72 ou 73 degrés, sans obstacle de glace, comment le bassin polaire peut-il être obstrué à une même latitude ou à une latitude inférieure? Le capitaine Cook pensait bien que la glace du détroit de Behring n'était pas constamment fixée, et il aurait probablement réussi l'année suivante à entrer dans le bassin, si sa mort malheureuse et prématurée n'avait pas mis un terme à ses recherches.

Il est bien connu aussi que le détroit de Belle-Ile est tantôt tellement pris de la glace que des voitures passent dessus, et tantôt tellement libre qu'on ne saurait y découvrir aucune glace: la même chose peut avoir lieu dans le détroit de Behring. Le lieutenant Kotzebue, au service de Russie, n'a, à ce qu'il paraît, rencontré aucune difficulté en passant ce détroit, ni en entrant dans une baie profonde qui est au-delà; ce que ses découvertes auront subséquemment produit ne nous est point encore connu; le brick *le Rurick*, qu'il commandait, parti du port de Cronstadt en 1815, est rentré dans ce port le 31 juillet dernier. Ce jeune navigateur, plein d'intelligence, est dit-on parvenu à une haute latitude. « Il a aussi rencontré une île » flottante ou une énorme montagne de glace, » dont l'aspect a causé à son équipage le plus

» grand étonnnement. Cette masse extraordi-
» naire était en partie couverte de terre,
» d'arbres et de productions végétales ; il y
» coulait des ruisseaux qui, resserrés entre les
» bords formés par la concrétion de matières
» terreuses, en arrosaient toute l'étendue. On
» a débarqué sur cette côte flottante, et l'on
» y a trouvé des restes de mammouth en état
» de putréfaction. On en a rapporté un grand
» nombre de dents et autres débris considé-
» rables de la carcasse de ces monstrueux
» animaux. Il est vraisemblable qu'ils s'étaient
» conservés depuis bien des siècles dans un
» état de congellation, jusqu'au temps où la
» masse de glace qui les enveloppait, détachée
» par quelque secousse, s'est fondue à mesure
» qu'elle atteignait une latitude plus méridio-
» nale. »

S'il n'y a pas d'exagération dans ce récit, il est à présumer que cette masse de glace est beaucoup plus ancienne que celle dont on a parlé plus haut : on ne dit pas, au surplus, à quelle latitude et dans quels parages cette rencontre extraordinaire a eu lieu.

En reprenant la suite des observations, interrompue par cette digression, on remarquera que, jusqu'à présent rien n'annonce que ce navigateur ait éprouvé le moindre embarras de glace, dans les contrées voisines du détroit de Behring; cette glace, selon toute apparence, s'est dissoute dans ces parages de l'est, comme le prouve la multitude d'ours blancs, qui infestaient la péninsule de Kamtschatka, dans la saison où ils ont l'habitude de chercher leur nourriture sur la glace, qui est le rendez-vous des veaux et des chevaux marins dans le printemps.

La preuve que les Russes sont aussi depuis long-temps fortement péuétrés de l'idée d'un passage autour de l'Amérique, c'est que deux expéditions ont été, à peu de distance, employées à cette recherche, l'une commandée par le capitaine Golowin, sur la frégate le *Kamtschatka* (c'est ce capitaine qui a été prisonnier au Japon), armée par le souverain, et l'autre commandée par le lieutenant Kotzebue, déjà cité, sur le brick le *Rurick*, armé par la seule libéralité du chancelier comte de Romanzoff, qui est rentré dans les eaux de la Newa au commencement d'août dernier, et s'est amarré devant l'hôtel de son illustre protecteur où il attire la curiosité générale.

Un auteur anglais dit, à l'égard de ces expéditions; « il serait un peu mortifiant pour l'An-

» gleterre qu'une puissance navale, qui ne » semble née que d'hier, dût completter, dans » le dix-neuvième siècle, une découverte qui » a été si heureusement commencée par les » Anglais, dès le seizième, et qu'un autre » Vespuce enleva la gloire acquise par un autre » Colomb! »

Que cet auteur se tranquillise; il sait maintenant comme tout le monde que deux expéditions, chacune de deux petits vaisseaux, ont été armées pour des découvertes au nord et pour faire des observations scientifiques; et que toutes les deux ont mis en mer, dès le commencement de mai dernier.

Renseignement sur les expéditions dirigées vers le nord.

L'une de ces expéditions est destinée, d'après ce que l'on sait, à pénétrer dans le bassin du pôle nord, et à chercher à passer le plus près du pôle que possible, en dirigeant sa course directement vers le détroit de Behring; l'autre, doit pousser à travers le détroit de Davis pour se diriger vers les côtes nord-est de l'Amérique; et enfin, si ces découvertes ont du succès, en doublant le point inconnu A (voyez le plan), elles devront pénétrer à l'ouest dans la vue de passer par le détroit de Behring.

A l'une de ces expéditions ou à toutes les deux, s'attachent des espérances bien vives que ce curieux et important problême en géographie, qui a fixé l'attention des premiers navigateurs de l'Europe, sera résolu; et que, si un passage praticable existe, il ne restera pas plus long-temps inconnu.

Le caractère de tous les différens officiers qui sont employés à cette expédition, dit un observateur anglais, ainsi que celui des savans qui sont embarqués dans cette entreprise et les préparatifs minutieux qu'on a faits, offrent la plus forte présomption que tout ce que les talens, l'intrépidité et la persévérance peuvent accomplir, sera mis en pratique.

A cet effet, quatre bâtimens marchands ont été frêtés par le gouvernement anglais; ces bâtimens ont été rendus aussi forts que le fer et le bois peuvent le faire, ce sont l'*Isabelle*, l'*Alexandre*, la *Dorothée* et le *Trent*; il est entendu que les deux premiers se rendront dans le détroit de Davis, sous les ordres du capitaine Ross; les deux autres sous les ordres du capitaine Buchan, prendront la route du pôle arctique, et tous quatre sont chargés de se réunir au détroit de Behring. L'*Alexandre* et le *Trent* sont deux bricks, l'un commandé par le lieutenant Parry, l'autre par le lieutenant Franklyn. Chacun des quatre bâtimens a de plus, un second lieutenant et deux élèves de marine, qui ont servi leur temps (cinq ans) et passé leurs examens, un aide chirurgien et un commis. A chacun des vaisseaux est attaché un maître et son aide, bien expérimentés dans la navigation de la mer du Groënland et du détroit de Davis, et qui, par conséquent, peuvent servir de pilotes dans les glaces.

Tous les hommes employés à cette courageuse et hazardeuse entreprise sont volontaires: tous, ainsi que les officiers reçoivent double paie. Tous les préparatifs ont été faits, en provisions fraîches, vin, liqueurs, médicamens, et de plus en vêtemens chauds, dans le cas où ils seraient obligés d'hiverner dans les glaces ou près des côtes septentrionales de l'Amérique.

Détails sur les officiers employés à l'expédition.

Le capitaine Ross, qui a été long-temps et activement employé dans la mer Baltique, où il a hyverné deux fois, est bien habitué au froid et à la glace; il a été aussi loin au nord que Cherry ou l'île Bear, dans les mers du Groënland.

Le lieutenant Parry, qui l'accompagne, et qui a servi plusieurs années sur les côtes de l'Amérique, est un excellent marin, tant pour la théorie que pour la pratique; il a publié un très-bon Traité d'astronomie nautique, à l'usage des jeunes officiers de la marine.

Le capitaine Buchan, est un officier actif et entreprenant, qui depuis nombre d'années est accoutumé à la navigation des mers glacées des parages de Terre-Neuve; il a été promu au grade de commandant par son zèle et sa bonne conduite dans cette station.

Il a fait outre cela un voyage sur la glace et sur la neige dans l'intérieur de l'île de Terre-Neuve, dans l'espoir d'obtenir une entrevue avec les indigènes : il est le premier Européen qui se soit exposé à une entreprise aussi dangereuse.

Le lieutenant Franklyn, qui l'accompagne comme second dans cette expédition, fut élevé sous le capitaine Flinders (fameux marin anglais); il a une connaissance parfaite des instrumens nautiques; il est en même temps excellent observateur maritime et bon marin.

Les seconds-lieutenans de chacun des bricks, sont les fils de deux savans artistes et tous deux de bons dessinateurs ; l'un est fils de feu M. Hoppner, qui conduisit lord Amherst, son état-major et son équipage, dans des bâteaux ouverts à Batavia, après le naufrage de la frégate l'*Alceste ;* l'autre est le fils de sir William Beechy.

REMARQUES GÉNÉRALES.

Il est bon de faire remarquer aux personnes, qui, en lisant cet écrit, n'en seraient pas au premier abord frappées que la distance des îles Shetland au détroit de Behring, en passant par le détroit de Davis, et en supposant un passage le long des côtes septentrionales de l'Amérique, à la latitude de 72 degrés, est exactement de la moitié plus longue que celle du même point du méridien en traversant le pôle : telle est cependant la vérité; la première étant de mille cinq cent soixante-douze lieues, tandis que l'autre n'est que de mille quarante-huit lieues (1).

	Latitude.	Longitude *du mérid. de Greenwich.*
(1) La plus septentrionale des îles Shetland est à	60° 47'	1° 00 *ouest.*
Le centre du détroit de Behring est à	66° 50'	169° 00 *Idem.*

La distance de l'embouchure de la Tamise à Canton, par la route polaire, est moindre de la moitié de la route ordinaire par le cap de Bonne-Espérance : celle-là n'étant que de deux mille cinq cent quatre-vingt-dix-huit lieues, tandis que celle-ci est de cinq mille cinq cents lieues : différence considérable !

Si une navigation libre peut-être découverte par ou près du bassin du pôle, ce passage sera le plus intéressant événement qui soit jamais arrivé pour les progrès de la science. En effet ce sera la première fois qu'on aura résolu ce problême par la pratique ; problême qui a toujours embarrassé les élèves en géographie quand ils voulaient trouver le chemin le plus court, entre deux points opposés de l'est à l'ouest, en prenant une direction nord et sud.

Le passage par le Pôle, provoque aussi l'attention la plus absolue du navigateur. En effet, en approchant de ce point, duquel toutes les côtes septentrionales de l'Europe, de l'Asie et de l'Amérique et toutes les parties sont au sud, rien ne peut l'assister pour déterminer sa course et pour le tenir dans le juste méridien de sa destination, qu'une parfaite connaissance du temps, et cependant il n'aura aucun moyen de se procurer cette ressource.

Le seul temps qu'il puisse connaître avec quelque dégré d'exactitude, pendant qu'il restera près du pôle, est celui du point de départ (Greenwich), à quoi il ne peut parvenir qu'à l'aide de bons chronomètres, parce que la brume constante ou l'épaisseur de l'atmosphère, surtout vers l'horison, puis le peu d'élévation qu'acquiert le soleil pendant les vingt-quatre heures du jour, ne lui donnent aucun espoir d'obtenir une approximation du temps apparent, par l'observation; il n'aura point non plus d'étoiles pour l'aider. De plus, toutes les idées sur le ciel et son calcul de temps seront renversées et les changemens qui mèneront à ce renversement ne seront pas graduels, comme quand on va de l'est à l'ouest, ou réciproquement, mais instantannés.

L'aiguille aimantée se dirigera vers son pôle inconnu, ou fera avec rapidité le tour de la boussole à la quelle elle est suspendue, et, dans ce cas, le côté qui indiquera le nord sera le sud; l'est deviendra l'ouest, et l'heure de midi sera minuit.

Malgré toutes ces curieuses circonstances, qui seront probablement prises en considération, par ceux chargés de la recherche d'un passage par le pôle, comme étant les plus importantes de toutes, on trouvera peut-être ce passage plus facile qu'on ne pense.

Il y a lieu de douter, en effet, qu'il y ait des glaces vers le pôle, s'il n'y a pas de terre; parce qu'il n'est pas vraisemblable qu'une mer, qui a une étendue de deux mille milles de diamètre, dont on ne peut sonder le fond attendu sa profondeur, ce qui a lieu surtout entre le Groënland et le Spitzberg, et qui est continuellement en mouvement, puisse geler.

Mais si tous les efforts pour découvrir un passage vers l'océan pacifique, par l'une ou l'autre route, n'ont pas de succès, ce sera toujours une satisfaction à se procurer que de détruire tous les doutes à ce sujet.

En faisant cette tentative, plusieurs objets importans et d'un haut intérêt se présenteront aux observations de ceux qui sont engagés dans ces deux expéditions. Celle qui se dirige vers le détroit de Davis aura occasion de corriger la géographie des côtes nord-est de l'Amérique, les côtes occidentales du Groënland, et de s'assurer si ce dernier pays est une île ou un archipel; un grand nombre d'autres observations curieuses peuvent être faites par toutes les deux. On s'assurera de ce qui est très-imparfaitement connu, c'est-à-dire de la profondeur, de la température, de la salure et de la pesanteur spécifique des eaux de la mer dans ces latitudes élevées; on déterminera la vitesse des courans, l'état électrique de l'atmosphère, dans les régions arctiques, et leurs rapports, ainsi qu'on l'a déjà remarqué, avec l'inclinaison, la déclinaison et l'intensité de la force magnétique de l'aiguille aimantée; un tel sujet et une collection de semblables observations, faites vers la partie supérieure du détroit de Davis, vaudraient à eux seuls un voyage de découvertes.

On a, en effet, soupconné depuis long-temps que l'un des Pôles magnétiques se trouverait dans ces parages, parce que, en aucun autre lieu de la terre, on n'a observé de si grandes irrégularités dans la vibration et dans la variation de l'aiguille. Le capitaine Muirhead, déjà cité, établit que, d'après toutes les bonnes observations, il trouva que la variation n'étaitpas moindre de huit points du compas à la latitude de 75 degrés 30 minutes; c'est-à-dire, quand le soleil était au méridien à minuit, l'aiguille était dirigée à l'est. Une comparaison entre l'influence magnétique près du pôle, et celle observée près de l'équateur, conduira nécessairement à d'importans résultats; et les oscillations du pendule, aussi près du pôle qu'on pourra en approcher, comparées à celles observées dans les îles Shetland et dans l'hémisphère austral, produiront un grand jour sur cette partie de la science.

En concluant, voici l'observation que fait un Anglais, ardent ami de la science : « Nous » ne pouvons dissimuler, dit-il, que le » problême d'un passage au nord-ouest, et de » l'accès du pôle serait résolu depuis long- » temps, si l'acte du parlement d'Angleterre » de la 16e année du règne de Georges III, » qui établit tant d'encouragemens à la décou- » verte de l'un et de l'autre, avait été autre- » ment rédigé, ou s'il eût été amendé depuis, » de manière à graduer la récompense à rai- » son de la distance de la découverte; en sorte » que les baleiniers qui n'auraient pas eu de » succès à la pêche auraient naturellement été » entraînés à courir la chance de quelque ré- » compense; mais ils craignaient au contraire » de le faire, attendu que, après tous les » risques qu'ils auraient courus, loin de pou- » voir espérer une récompense, ils avaient » lieu de craindre d'encourir une punition » pour avoir violé le serment qu'on exige » d'eux avant de partir. Il serait donc indis-

» pensable aussi d'abolir ou de modifier ce
» serment (1) exigé, à la douane, de tout
» maître ou propriétaire de bâtimens allant
» au Groënland, et auquel ils ne peuvent se
» soustraire. »

On conçoit en effet que, par un pareil serment, l'encouragement proposé par le législateur devenait nul, attendu que, si un maître baleinier tentait de courir cette chance, ce ne pourrait être qu'au risque de ses oreilles, car, par une ancienne loi encore existante en Angleterre, les parjures sont attachés par les oreilles à un poteau avec de gros clous.

CONCLUSION.

Les journaux et gazettes de différens pays ont publié divers articles sur le plus ou moins de succès que l'expédition anglaise peut se promettre; mais il est beaucoup plus prudent, pour se fixer à cet égard, d'attendre ou son retour ou quelques avis officiels que le gou-

(1) Par ce serment, le capitaine et l'équipage jurent *de faire tous leurs efforts pour prendre des baleines ou d'autres gros animaux vivant dans la mer, promettant de renoncer à tout autre profit.*

vernement anglais s'empressera, on n'en doute pas, de publier.

P. S. Des dépèches officielles étant parvenues en Angleterre depuis la détermination prise de publier ces observations, je m'empresse d'en donner ici la traduction.

Extrait du journal anglais le Times, du 14 septembre 1818.

Le gouvernement a enfin reçu des dépêches officielles de l'expédition chargée de découvrir un passage au nord-ouest. Ces dépêches sont très-satisfaisantes; elles sont datées du 28 juillet dernier, époque où *l'Isabella* et *l'Alexander* étaient à 75° 30′ de latitude boréale, et 60° 30′ de longitude occidentale du méridien de Greenwich. Tout était en bon état; les bâtimens suivaient la côte d'Amérique; le temps était serein et parfaitement clair. Les variations de l'aiguille aimentée, d'après des observations faites avec soin et répétées à bord des deux vaisseaux, étaient, savoir : la déclinaison de 89° et l'inclinaison de 84° 30′. Ces variations considérables portaient les voyageurs à conclure qu'ils étaient très-près du pôle magnétique. Depuis trois ou quatre jours la mer était parfaitement calme et aussi unie qu'une glace ; et le courant, dérivant au sud-est, augmenta leur espoir de trouver un passage au haut de l'Amérique d'où le courant paraissait venir.

En passant le détroit de Davis, les deux bâtimens ont longé un immense et non interrompu champ de glace qu'ils avaient à leur gauche; mais comme l'épaisseur de cette glace semblait diminuer sensiblement à mesure qu'ils avançaient, nos navigateurs se flattaient de trouver la mer entièrement ouverte vers l'ouest, où ils parviendraient à atteindre les rives de l'Amérique dont les limites de ce côté sont encore inconnues.

Un grand nombre de ceux embarqués dans cette importante entreprise ont écrit à leurs parens et amis. Le Moniteur du 19 septembre contient un extrait d'une de ces lettres, qui présente le plus grand intérêt.

Les officiers et l'équipage des deux vaisseaux étaient en parfaite santé, et la plus parfaite harmonie régnait entre eux.

Extrait du Courrier (journal anglais) du 22 septembre 1818.

De nouvelles lettres particulières ont été reçues des deux bâtimens sous les ordres du capitaine Ross, chargés des découvertes au nord; elles sont datées du 1er août dernier, les bâtimens étant alors à 75° 48′ de latitude nord, et à 61° 50′ de longitude ouest du méridien de Greenwich.

Ces lettres annoncent que la glace devenait de plus en plus rare, et que par conséquent l'espoir du succès de l'expédition allait croissant; que le phénomène extraordinaire des variations du compas se développait de plus en plus, la déclinaison s'étant portée à 88° 13′ sur la glace. Nous disons sur la glace (annonce-t-on), par ce que, à bord des bâtimens, elle était beaucoup plus considérable, puisque, comme on l'a vu par nos précédentes lettres, cette variation s'y trouvait alors de 95°, c'est-à-dire que l'aiguille, au lieu de pointer au nord, se dirigeait à l'ouest-sud-ouest.

Cette différence entre la variation réelle et celle apparente avait déjà été observée par le capitaine Flinders qui la supposait être accidentelle et particulière à son vaisseau, tandis qu'il est maintenant prouvé que ce phénomène est commun à tous les vaisseaux dans ces parages, et qu'il varie dans tous; ce qui portait naturellement à croire qu'il était dû à l'influence du fer qui entre dans la construction du vaisseau : l'expérience d'ailleurs qui vient d'en être faite a converti cette conjecture en certitude, puisqu'après s'être servi, sur la glace, d'un compas qu'on appelle isolé, parce qu'il est renfermé dans une boîte de fer où il est à l'abri de l'influence du fer extérieur; ce compas a indiqué la variation citée, tandis que le même compas, rapproché de celui du vaisseau, était affecté de la variation du compas ordinaire, et au même degré.

Cette variation, qui est maintenant appelée déviation, a été trouvée beaucoup plus grande en avançant vers le nord, que ce que l'expérience avait jusqu'à présent indiqué. D'un autre côté, si, comme l'expérience le prouve, l'inclinaison de l'aiguille va aussi en augmentant dans les mêmes circonstances, il est facile d'expliquer pourquoi ce qu'on appelle *la polarité de l'aiguille* va en diminuant, et pourquoi, par conséquent, le compas est alors plus aisément affecté de l'influence locale du vaisseau.

Autre extrait du même Journal, du 23 septembre dernier.

Le bâtiment *l'Equestris*, capitaine Overton, arrivant ici jeudi dernier, 17 de ce mois, a débarqué un marin malade qu'il avait reçu du bord du bâtiment *l'Alexander*, n'étant distant de lui que de quelques milles, le 4 août dernier, à la latitude de 75° 30′ nord : tout étant bien (1).

Hull-Packet.

Ce Journal ajoute :

Nous avons le plaisir d'ajouter à ce que nous avons mentionné hier, que le bâtiment *le Bon-Accord*, d'Aberdeen en Écosse, a apporté de nouvelles dépêches de notre expédition du nord-ouest, et qui sont sans doute les dernières que l'on recevra cette année.

Ces dépêches annoncent que nos vaisseaux avaient dépassé la hauteur qu'atteignent ordinairement les bâtimens marchands et pêcheurs qui les avaient accompagnés dans leur course au nord, et que, ce qui nous paraît bien étrange et bien extraordinaire, l'approche de l'hiver, qui commence de bonne heure dans ces hautes latitudes, semblait augmenter l'espoir du succès de leur entreprise au lieu de l'atté-

---

(1) Réponse d'usage lorsqu'un bâtiment est rencontré par un autre auquel il n'a rien de particulier à communiquer.

nuer ou de le détruire. En effet, parmi les lettres citées hier, s'en trouvait une particulière du capitaine Ross, chef de cette partie de l'expédition, par laquelle, en citant la même latitude et la même longitude, il dit :

« Je n'ai que peu de momens pour m'en-
» tretenir avec vous et pour vous dire que
» nous avons maintenant tout espoir de suc-
» cès, attendu que la glace diminue forte-
» ment, et que le vent de nord-est favorise
» notre navigation (1).

« Nous avons tué une baleine que nous
» avons coupée en morceaux, au moyen des-
» quels nous n'avons pas à craindre de man-
» quer de combustible d'hiver.

OBSERVATION.

On a vu, par les journaux français et étrangers, que la seconde partie de l'expédition, composée des deux bâtimens *la Dorothée* et *le Trent*, sous les ordres du capitaine Duncan, ayant, à la hauteur de 80° 30′ nord, trouvé des

---

(1) Cet espoir du capitaine Ross s'accorde parfaitement avec la théorie présentée dans le cours de ces observations.

massses de glace qu'il leur était impossible d'éviter, a renoncé pour cette année à aller au-delà; elle est rentrée à Daptford vers le 20 de mois. Ce qui a surtout contribué à déterminer ce capitaine à rentrer en Angleterre, ce sont les avaries graves qu'a éprouvées un de ses bâtimens, qui, se trouvant pris entre deux îles de glace flottantes, en a reçu des chocs si violens, qu'il a été soulevé jusqu'au-dessus du niveau de la mer, et que ses flancs ont été enfoncés; c'est avec beaucoup de peine qu'il a pu revenir. Ce vaisseau étant réparé, il n'y a aucun doute que le chef de cette partie de l'expédition reprendra la mer au printemps prochain pour tenter, ainsi que l'autre, d'atteindre le pôle.

25 octobre 1818.

TABLE DES MATIÈRES.

Pages.

R. F.
IMPRIMÉS.

FIN.

BIBLIOTHEQUE NATIONALE DE FRANCE
3 7531 04654774 2

www.ingramcontent.com/pod-product-compliance
Ingram Content Group UK Ltd.
Pitfield, Milton Keynes, MK11 3LW, UK
UKHW012240240726
13966UKWH00003B/1189

9 782011 928160